Gott und ich –
Erlebnisbericht eines Suchenden

von Jens Meyer

Alle Rechte liegen beim Autor
Herstellung durch Libri Books on Demand
ISBN 3-89811-642-5

VORWORT

Was Sie jetzt erfahren, lieber Leser,
ist eine wahre Geschichte. Meine
Geschichte. Mir sind unglaubliche
Dinge widerfahren.
Ja fast unglaubliche und so
wunderbar, daß ich selbst oft noch
ganz fassungslos bin. Aber so wie ich
es aufgeschrieben habe, so habe ich
alles wirklich erlebt.
Gott ist mein Zeuge !

Es ist keine Biographie, die mich
darstellen soll. Ich möchte Ihnen und
allen Menschen aufzeigen, was
geschieht, wenn wir uns in dieser
schweren starren Zeit wieder mit
Gott verbünden.

Sie meinen, daß ist gar nicht so
einfach, weil wir IHN ja eigentlich
gar nicht so gut kennen !
Dachte ich auch, stimmt aber nicht !
Wie viel Mühe machen wir uns,
einen Menschen für uns zu gewinnen,
den wir mögen.
Gott nahe zu kommen, bedarf es
eines einfachen Gebetes.
Nur ehrlich sollte es sein.

Vorgeschichte

Gott, kannte ich nicht. Kirche und Glauben war für mich etwas befremdliches. Ich war so etwa mit 8 Jahren das erste mal mit meinem Bruder in einer evangelisches Kirche. Aber auch nur, weil der Vater eines Schulfreundes meines Bruders der Küster an dieser Kirche war. Nach einer kurzen Ansprache, die ich nicht verstanden hatte, wurden wir Kinder heraus geführt in einen kleinen Veranstaltungsraum. Was dann weiter geschah entzieht sich meiner Erinnerung. Es hat mich, so scheint es nicht eben sonderlich beeindruckt. Woran ich mich sehr gut erinnern kann, war meine Verärgerung nicht zuhören zu können, was da bei den Erwachsenen besprochen wurde. Ich war doch kein kleines Kind mehr. Um zu protestieren oder einfach sitzen zu bleiben, dazu fehlte mir der Mut. Sie müssen wissen, ich war ein sehr schüchternes Kind, und in so einer Kirche kann man es schon mit der Angst zu tun bekommen.

Meine Kindheit ist kurz erzählt. Ich bin 1962 in Hamburg in bescheidene, aber ordentliche Verhältnisse geboren worden. Mein Vater arbeitete im Freihafen als Lagerarbeiter und meine Mutter reparierte Zuhause Nylon Strümpfe. Teilweise nächtelang, wie meine Mutter mir sehr oft erzählt hat. Als ich drei Jahre alt war, wurde meinen Eltern eine Neubauwohnung zugewiesen.
In dieser Wohnung wurde ich wegen Pfusch am Bau, das Kinderzimmerfenster war undicht und die Wohnung zum Bezug viel zu früh freigegeben, schwer krank. Ich holte mir eine Bronchitis und mein zuvor hervorragender körperlicher Zustand wollte sich die gesamte Kindheit über nicht wieder einstellen. Meinen Eltern bin ich sehr zu Dank verpflichtet, denn wie viele Nächte die Beiden um mich gebangt haben, können Sie selbst heute wohl nicht mehr zählen.
Meine Eltern fanden in dieser Zeit eine neue Wohnung mit gleichzeitiger Nebentätigkeit als Hausmeister in Hamburg Alsterdorf. Als wir in dieser Wohnung wohnten und ich bereits sieben Jahre alt war, bekamen mein zwei Jahre älterer Bruder Manfred und ich noch ein kleines Brüderchen. Ich fand, daß dieser Störenfried ein echter kleiner Schreihals war. Das war der Anfang einer Abneigung, die ich gegen meinen kleinen Bruder Arne gepflegt hatte, bis ich mein Elternhaus verlassen habe.
So richtig gelegt hat sich diese Abneigung erst, als auch er erwachsen geworden war. Aus den oben erwähnten Schwierigkeiten mit meiner Gesundheit wurden schnell schulische Schwierigkeiten. Eine wirklich nicht sehr schöne Zeit für mich. Als Außenseiter in der Schule war ich mehr und mehr das Spielzeug für meine Mitschüler um Ihre Aggressionen an mir auszulassen. In dieser Zeit wäre ich bestimmt untergegangen, wenn ich nicht ein so geordnetes Zuhause gehabt hätte. Ich habe sehr lange gebraucht um den Menschen die mich damals so sehr drangsaliert haben zu vergeben und zu verzeihen. In dieser Drangsal und Not entwickelte ich Eigenschaften, die mich später zu einem ungeliebten Zeitgenossen machten. Ich hatte eine sehr spitze Zunge und war recht vorlaut. In dieser ganzen Zeit habe ich nie an Gott gedacht oder bei Ihm versucht Hilfe zu bekommen. Zumal meine Eltern nie von Gott gesprochen hatten. Auch beten war uns Kindern kein Begriff. Und darum habe ich nie versucht mir bei Gott Hilfe zu holen.
Mein älterer Bruder wurde zwar noch getauft. Wahrscheinlich aus der Tradition heraus. Bei mir hatte man darauf verzichtet.

Das machte mir später den Austritt aus der evangelischen Kirche erheblich leichter. Ich habe mich beim Ummelden einfach als Konfessionslos eintragen lassen.

Irgendwann, ich weiß gar nicht mehr genau wann, schrieb mich die Kirchenverwaltung an und war der irrigen Auffassung ich würde noch zu dem Verein gehören und müßte, wenn ich keine Kirchensteuer entrichten wolle, doch erst einmal austreten. Ich habe den Herrschaften in einem netten Brief erklärt, daß ich weder getauft noch konfirmiert bin. Mich auch ansonsten nicht zur Kirche bekannt habe und deshalb nicht bereit bin aus etwas auszutreten in was ich nie eingetreten bin.

Damit war der Fall für mich und glücklicherweise auch für die Kirchenleute erledigt.

Zurück zu meiner Kindheit. Meine Erkrankung und Schwäche hielt trotz ärztlicher Behandlung über Jahre an. Ich mußte viele Einschränkungen hinnehmen. Wenn andere Kinder ins Freibad gingen, war ich gezwungen zu Hause zu bleiben. Das ist für ein Kind ganz schön hart.

Bis eines schönen Tages bei einem erneuten Notfall ein junger Arzt feststellte, daß ich einen Asthmaanfall hätte. Ich bekam eine Spritze und konnte kurz darauf wieder tief durchatmen. Als dieser Arzt dann erfuhr, daß unser Kinderarzt mir immer nur Hustensäfte verschrieben hätte rang dieser Notarzt sichtlich mit seiner Fassung. Er befahl meiner Mutter am darauffolgenden Tag sofort einen Lungenfacharzt aufzusuchen. Der Lungenfacharzt begann mit mir eine Behandlung. Ich erholte mich zusehends. Trotz bessere Gesundheit wurden meine schulischen Leistungen nicht besser. Durch die Defizite die ich hatte war mein Ansehen bei meinen Mitschülern gleich Null. Dazu kam noch, daß ein ziemlich gefühlloser Sport und Deutsch Lehrer mich vor versammelter Mannschaft einen Schlappschwanz nannte. Ein ganz toller Kerl. Den bekam ich in der neunten Klasse zu allem Unglück auch noch als Lehrer in Deutsch. Vorher konnte ich mich mit meiner katastrophalen Rechtschreibung noch so durchmogeln. Bei diesem Lehrer war dann schnell der Ofen aus. Auch in anderen Fächern, in denen ich sonst gut war schlitterte ich von einer Katastrophe in die nächste.

Schlußendlich blieb ich also sitzen. Ich dachte die Welt würde für mich untergehen. Meine Eltern regten sich auf. Denn andere Lehrer hatten mir zuvor hohe Intelligenz, aber stinkende Faulheit bescheinigt. Was ich wohl an Ihrer Stelle auch so empfunden hätte. Aber dieses für meine Eltern peinliche und schockierende Ereignis nahmen sie zum Anlaß, für mich eine andere Schule zu suchen. Eine Schule, in der mich noch keiner kannte und in der mein älterer Bruder auf das Gymnasium ging.

Für mich war das wie ein Neuanfang und ich nutzte diesen gründlich. Ich konnte mich in dem Klassenverband behaupten. Gehörte bald zu einer besonderen Clique. Meine schulischen Leistungen wurden so gut, daß ich nach der Realschulreife sogar noch mein Fachabitur machte und anfing zu studieren.

In dieser Zeit des Studierens nabelte ich mich von meinen Eltern immer mehr ab. Was ja auch normal ist, wenn aus Kindern Leute werden, oder ? Es gab wie in jeder Familie Streit um die Nächte, in denen ich mich in Kneipen und Diskotheken herumtrieb. Als junger Mensch hat man halt für die Sorgen der Eltern überhaupt kein Ohr. Im sich Sorgen war meine Mutter einfach unschlagbar.

Können Eltern jemals nachvollziehen, wie sorglos und gedankenlos Ihre Kinder als junge Leute um die Häuser und durch das Nachtleben ziehen ? Ich hoffe mir wird es gelingen, wenn ich selbst einmal Kinder in diesem Alter habe.

Mein erster Versuch auszuziehen wurde im Keime, durch Drohungen seitens meiner Mutter nur mit einem Persil-Karton gehen zu können, erstickt.

Kapitel 2 - Vorgeschichte

Am 16. November 1982 habe ich über meinen Bekanntenkreis meine jetzige Frau Christine kennengelernt.
Nach der Kennenlernphase habe ich selbstverständlich ab und an bei ihr übernachtet. Die Szenen die meine Mutter mir daraufhin machte wurden immer heftiger und unerträglicher.
Eigentlich ist es nicht mehr meine Art mich mit negativen Dingen zu befassen, oder gar diese in aller Ausführlichkeit wieder zu erzählen. Für ein besseres Verständnis der noch zu berichtenden Ereignisse ist es aber zwingend erforderlich, wie mir geraten wurde.
Nun denn, auch wenn es mir schwerfällt, hier nun in aller Offenheit die Details über das Verhalten meiner Mutter. Ein Verhalten, daß letztlich zu einer mehrjährigen Funkstille zwischen uns führte. Immer, wenn ich über Nacht nicht nach Hause kam wurde ich mit schlechter Laune oder Schweigen begrüßt. Oft bekam ich zu hören, was das für eine schlimme Mischpoche sein müßte, weil wir in dem gemeinsamen Haus unsere Nächte verbringen konnten. Die Tochter, die nach gescheiterter Ehe wieder bei Ihren Eltern wohnte, müßte ja eine ziemliche Schlampe sein.
Obwohl meine Mutter meine spätere Frau gar nicht kannte, erging sie sich in solchen Ausdrücken.
Da ich ganz furchtbar verliebt war (und immer noch bin) hat sie mir damit sehr weh getan.
Die Freundinnen die ich vorher hatte, hatten in den Augen meiner Mutter auch nie etwas getaugt. So habe ich nie gewagt meine Christine vorzustellen. Zumal Sie 8 Jahre vor mir geboren wurde.
Als ich nun am ersten Weihnachtsfeiertag zu Christine fuhr, habe ich ohne böse Absicht den Zorn meiner Mutter heraufbeschworen. Ich erschien am 31. Dezember zu Hause um meiner Mutter zum Geburtstag zu gratulieren. Das Geschenk was ich überreichen wollte wurde abgewiesen. Ich bekam von meiner Mutter, die leicht alkoholisiert war, so einiges zu hören. Ich flüchtete zu Christine zurück. Erst im neuen Jahr fuhr ich wieder nach Hause.
Dort fand ich alle meine Sachen nicht mehr an ihrem gewohntem Platz vor. Meine Eltern hatten einfach alles aus meinem Zimmer in das kleinere Zimmer von meinem kleinen Bruder geräumt. Ihm meine Möbel gegeben. Das war für mich des Guten zuviel. Ich fragte meinen Bruder Manfred, der schon Jahre zuvor ausgezogen war, ob ich bei ihm ein paar Tage unter schlüpfen könnte. Er sagte ja, und ich packte alles was ich auf die Schnelle zusammen raffen konnte ein, um mich damit aus dem Staub zu machen.
Meine Mutter war sehr aufgebracht und stark alkoholisiert. Als sie bemerkte, daß ich ernst machte schrie sie mich an und versuchte mich zu schlagen. Ich habe Ihr deutlich zu verstehen gegeben, daß ich mich von Ihr nicht mehr schlagen lassen würde. Daraufhin schnappte sie sich eine Pflanze, meinen schönen großen alten Geldbaum und zerschmetterte diesen an der Wand.

Am Tag darauf mußte ich noch mal allen Mut zusammennehmen, um in die Höhle des Löwen zu gehen. Ich gab meinen Schlüssel ab und forderte die Herausgabe meines Bafögs.

Ich wußte zwar nicht wie es weiter gehen sollte, aber mein Bedürfnis von meiner Mutter wegzukommen war größer als die Angst vor einer ungewissen Zukunft.

Mein älterer Bruder bekam anläßlich meines Auszugs auch einiges von unserer Mutter zu hören. Ich weiß bis heute nicht genau was sie meinem Bruder alles gesagt hat. Aber die Beschimpfungen hatten dazu geführt, daß mein Bruder Manfred mit meiner Mutter seit 1982 kein einziges Wort mehr gewechselt hat.

Wenn Sie jetzt entsetzt sind, dann sind sie damit bestimmt nicht alleine. Man muß sich das vorstellen, da sprechen Menschen, die als Mutter und Sohn von Gott zusammengeführt wurden, bis jetzt Anfang 1997, vierzehn Jahre kein Wort miteinander. Die eigene Mutter, die angeblich immer so besorgt um Ihre Kinder war, kann damit leben nicht zu wissen wie es Ihren Kindern geht. Und in was für Verhältnissen diese leben. Ich glaube, mehr muß ich dazu nicht sagen.

Bitte lieber Leser, wollen wir zusammen versuchen diesen Menschen nicht zu verurteilen. Dies Verhalten zu verstehen wird selbst Gott nicht von uns verlangen. Dazu ist unsere Sicht der Dinge und Ereignisse viel zu eingeschränkt.

Erst wohnte ich ein paar Tage bei meinem Bruder Manfred. Dann konnte ich Gott sei Dank bei einem Bekannten 1983 zur Untermiete einziehen.

Es dauerte einige Zeit, bis ich einen wackeligen Schreibtisch und ein eigenes Bett hatte. Ich lebte vorläufig also zwischen Kartons und schlief auf einer geliehenen Schlafcouch. Christine hat mir in dieser schweren Zeit immer treu und auch finanziell bei gestanden. Und daß, obwohl wir uns ja erst kurze Zeit kannten.

Bevor Christine und Ich uns wirklich kennen lernten, fand sie mich unmöglich. Albern und überheblich. Trotzdem scheinen wir von Gott füreinander bestimmt zu sein. Denn es wurde eine ganz große Liebe. Wenn wir uns nicht sehen konnten, haben wir lange und oft telefoniert. Das gab Anlaß zu Streit mit meinem Mitbewohner. Er hatte Recht, die Telefonrechnung war oft erschreckend. Da sich dieses Zusammenleben immer schwieriger gestaltete entschlossen Christine und ich uns eine Wohnung zu suchen. Und wieder hatten wir Glück. Wir fanden schnell eine schöne preiswerte Wohnung. Allerdings in einer ziemlich schlimmen Gegend. Ein großer Vorteil war dabei, daß Christine einen kurzen und bequemen Arbeitsweg hatte.

Über diese turbulente Phase, hatte ich es mit dem Studieren nicht mehr so genau genommen.

Ein wenig zu faul zum Lernen war ich natürlich auch, ganz ehrlich. Ich weiß nicht, ob ich es unter anderen Voraussetzungen geschafft hätte. Meine Bequemlichkeit und Faulheit waren damals groß. Ich nutzte für mich selbst die ganze Situation gerne als Ausrede. Dieser Hang zum Müßiggang wurde auch im Zusammenleben mit Christine oft zum Problem. Wir Männer werden ja von unseren Müttern so wundervoll erzogen, zu Ordnung und Sauberkeit! Das nenne ich immer, daß den meisten jungen Frauen bekannte Problem, HOTEL MAMA.

Kapitel 1 – Die Annäherung.

So lebten Christine und ich einige Zeit glücklich zusammen. Bei einem Besuch bei ihren Eltern lernten wir die Freundin von Christines Mutter kennen.

Ich wußte schon, daß es sich um eine eigenartige liebenswerte Person handelte. Ich hatte gehört: daß sie Dinge sieht die andere nicht sehen; daß sie Stimmen hört, die von anderen nicht gehört werden; daß sie Bilder sieht, die andere nicht sehen können und das diese Dinge alle in Erfüllung gehen. Ich wußte, daß diese Familie oftmals staunte und fassungslos war. Ich war recht neugierig aber auch skeptisch. Wem würde ich denn nun begegnen?

Hätte mir einer vorhergesagt, was da auf mich zukommt und was mir an diesem Nachmittag geschieht. Oh, ich glaube ich hätte mich vor lauter Angst ganz schnell verkrümelt. Ängste hatte ich damals viele.

Allerdings muß ich sagen unser erstes Gespräch und erstes „Kennen Lernen" war wirklich nett und interessant. Es wurde gesprochen:
- über Zufälle, gibt es sie oder gibt es sie nicht?
- Schutzengel , haben wir Begleiter oder haben wir sie nicht?

Es gab Denkanstöße wie zum Beispiel: Gibt es Gott oder gibt es IHN nicht?
Alles war Neuland für mich. Woher jetzt die Antworten nehmen? Empfinden wir ehrliches Interesse oder nur Neugier? Christine und ich sind mit rauchenden Köpfen nach Hause gefahren. Nur gut, daß wir das Angebot in der Tasche hatten Liane mal besuchen zu dürfen.

Diesen Besuch absolvierten wir so schnell wie möglich. Wir bekamen Antworten auf unsere Fragen, die unser Denken total auf den Kopf stellten.

Jetzt war es uns vorrangig zu erfahren, woher die beste Freundin von Karin, Liane ihr Wissen bezog. Dabei erhielten wir Auskunft darüber was Medial ist. Und was ein Medium empfängt. Auch woher sie es empfängt. Das es sich um eine Gabe handelt, die man schon bei der Geburt mitbringt. Die meistens erst später durch eine andere ebenfalls medial Begabte erkannt wird. Wenn man sich dieser Gaben bewußt wird, kann man diese sehr gut fördern und ausbauen.

Dazu bedarf es einer innigen Verbindung zu Gott. Die Durchgaben, die das Medium erhält, verhelfen anderen dazu, den Sinn des Lebens und Ihren eigenen Weg besser zu erkennen.

Jedem dem ein Medium hilft, bleibt es allerdings nicht erspart seinen eigenen Weg gehen zu müssen. Auch trifft das Medium niemals für einen anderen die Entscheidungen. Das Medium berät und rät, mehr nicht. So bleibt es jedem überlassen davon Gebrauch zu machen, oder nicht.

Jeder hat das Recht göttliche Hilfe anzunehmen oder abzulehnen.
Christine und ich wissen jetzt, wie gut es tut den Weg mit Gottes Hilfe zu gehen.

Kapitel 2 - Wie alles vorbereitet wurde,
oder nichts geschieht ohne Sinn !

Nun ein Beispiel, wie Liane ihre Durchgaben erkennt, um zum richtigen Zeitpunkt anderen behilflich sein zu können. Eines Tages war sie zu einem Tagesausflug aufgebrochen. Das Wetter war herrlich und es war ein ganz normaler Tag. Um zwölf Uhr Mittags wurde sie unruhig.
Was war los ?
Sie hatte keine Ahnung. Als sie sich entschlossen hatte nach Hause zu fahren fühlte sie sich besser. Kaum Zuhause angekommen ging das Telefon. Der Mann Peter ihrer Freundin Karin war am Apparat. **Vorahnung oder siebter Sinn ?**
Karin und die ganze Familie hatte einen schweren Unfall erlitten. Sie standen am Ende eines Staus, als ein Mercedes mit 120 Sachen hinten auffuhr. Alle wurden verletzt. Die Mutter von Karin so schwer, daß sie nach zwei Tagen verstarb. Karin, der jüngste Sohn Peter und eine Cousine aus Australien, die zu Besuch war, waren ins Krankenhaus gebracht worden. Peter, Karins Mann, stand am Rastplatz „Schwarze Berge" bei Hamburg mit Sack und Pack und wollte abgeholt werden.
Liane und ihr Mann Heinz fuhren sofort los um Peter zu helfen.
Bleibt die Frage, warum fuhr Liane nach Hause? Wieso Wußte Sie daß Sie gebraucht würde?
Wieso rief Peter in seiner Verwirrung und Aufregung ausgerechnet diese Arbeitskollegin seiner Frau an? Eine Arbeitskollegin mit der man zu der fraglichen Zeit keinen privaten Kontakt pflegte. Peter weiß bis heute nicht, warum er in seiner Not ausgerechnet bei Liane angerufen hatte.
So etwas nennt man Intuition. Wir nennen es: Himmlische Helfer hatten da sicherlich Ihre Hände mit im Spiel.
So kam Liane gegen Ihren eigenen Willen in diese Familie. Sie hatte sich lange Zeit erfolgreich gegen die Annäherungsversuche von Karins zur Wehr gesetzt.
Auf diese Weise wurde aus zwei Arbeitskolleginnen, zwei Freundinnen. Aus diesem Notfall erwuchsen der Familie viele Belastungen. Die tiefe Trauer um einen lieben Menschen, der so plötzlich aus dem Leben abberufen worden war. Bis hin zu den lästigen Formalitäten der Beerdigung. Die Familie hatte Ihr Oberhaupt verloren.
War das alles geplant und geführt oder nur "Zufall". Auf jeden Fall ist für mich heute klar, daß Gott damals schon wußte, wie dieses schreckliche Ereignis sich für viele Beteiligte und Unbeteiligte auswirken würde. Ganz besonders für mich und Christine war dies der Beginn einer Rückführung zu IHM unserem Vater Gott. Denn wäre dieser Unfall nicht passiert, hätte Liane von sich aus bestimmt nicht in die Familie gefunden. Obwohl ich mir darin heute nicht mehr ganz sicher bin. Diese Zusammenführung erscheint mir im Rückblick so wichtig gewesen zu sein. Wichtig genug für Gott, daß bestimmt auch noch ein anderer Weg zum gleichen Ziel geführt hätte.

Der besondere „kennenlern" Nachmittag zwischen Christine, mir und Liane fand erst wesentlich später statt. Wir konnten damals noch nicht ahnen, was sich durch die Begegnung in unserem Leben alles verändern würde.
Man könnte sagen, Gott hat uns gerufen und versucht uns für die Wahrheit zu gewinnen. Dieser Ruf ist wie in unserem Fall ganz unauffällig und nicht spektakulär gewesen. Mag

ja sein, daß Ihnen jetzt Begebenheiten einfallen, wo Sie seinen sanften Ruf auch gehört haben. Aber leider nicht bemerkten. Es wird neue Gelegenheiten geben. Gott und seine Boten werben unaufhörlich um uns. Und nun versichere ich Ihnen, daß es sich lohnt darauf einzugehen und dem Ruf zu folgen. Nun denken Sie sicher es ist schwer sich neu auf Gott einzulassen. Das dachte ich auch. Dem ist nicht so. Mit Gott zu sprechen heißt einfach beten. Was heißt beten? Mit Ihm in Gedanken sprechen , als wenn man einem guten Freund seine Sorgen erzählt. Dazu genügt es nicht nur in schwierigen Situationen um Hilfe zu bitten. Vor jeder Bitte im Gebet sollte ein großes „Danke Schön" stehen. Denn jeder hat in seinem Leben auch viel Gutes erfahren. Mit Freuden angenommen und nie gefragt woher es kommt. Mit regelmäßigen Gebeten und Danken werden wir wieder zu Gottes Kindern.

Vielleicht ist es Ihnen eine Hilfe, wenn ich Ihnen unvollständig aufzähle wofür ich dankbar bin und mich im Gebet oft bedanke. Für meine wundervolle Frau. Dafür daß ich sie finden durfte. Für meine gesunden Kinder. Für meinen Glauben. Für das Medium. Für die Hilfe. Für meinen Arbeitsplatz. Das ich immer genug zu essen habe. Das ich ein Dach über den Kopf habe. Dafür das ich benutzt werde von den Engeln um anderen zu helfen. Dafür das ich in dieses Land geboren wurde. In ein Land in dem kein Krieg, kein Hunger und keine andere Not herrscht. Daß in diesem Land kaum Naturkatastrophen geschehen. Dafür das ich so geschickte Hände habe. Alles selber machen kann. Für meinen Verstand. Ich könnte diese Liste ziemlich lange so weiter schreiben.

Kapitel 3 - Wie das Leben so spielt, bis die zueinander finden die füreinander bestimmt sind !

An einem weiteren Nachmittag wurde viel über Christines und meine Vergangenheit gesprochen. So zum Beispiel auch einiges über Christines und meine Vergangenheit, was unbedingt zum Verständnis der Zusammenhänge hier erwähnt werden muß.

Nun zu Christines Werdegang. Christine meine wunderbare Frau und Weggefährtin hatte eine schönere Kindheit als ich. Auch in bescheideneren Verhältnissen, aber ohne große gesundheitliche Belastungen. Sie durfte bereits mit 17,5 Jahren ausziehen und mit Ihrem damaligen Freund zusammenleben. Aber auch diese schöne Zeit nahm ein Ende und Christine trennte sich von Ihrem ersten Freund, mit dem Sie sich sehr gut verstanden hatte, aus einem Mißverständnis heraus.

Wie so oft im Leben kann der Frömmste nicht in Frieden leben, wenn es dem bösen Nachbarn, in diesem Fall den Bekannten, nicht gefällt. Für mich zum Glück waren beide zu stolz um hinterher, als klar war, daß Ihre Beziehung von den Freunden zerstört worden war, wieder aufeinander zuzugehen.

So lernte Christine einen anderen Mann kennen und lieben, einen Thailänder, der aber leider der Spielsucht verfallen war. Das war für Christine eine schlimme Zeit, als nach der Hochzeit immer mehr klar wurde, daß diese Verbindung ein großer Irrtum war. Es begann damit, daß ihr Mann nach Thailand mit vielen Geschenken fuhr, und für Christines Flugticket nicht mehr genug Geld übrig blieb. Danach ließ sie dieser Sombat nächtelang alleine und keiner von den Freunden, zum großen Teil auch Thais, wollten ihr sagen wo ihr Mann steckt. Bei einem Kurzurlaubs in Holland, anläßlich eines Thai Treffens, begegnete Christine einem Inder. Dieser Mann ergriff Christines Hand und sagte Ihr, Sie würde mit einem groß gewachsenem blonden Mann glücklich verheiratet sein und Kinder haben. Ihre jetzige Ehe würde nicht von langer Dauer sein. Sie können sich vorstellen wie empört und verwirrt Christine war. Als erst kurz, etwa ein halbes Jahr, verheiratete junge Frau glaubte sie ja noch an Ihre Ehe.

Nach fast vier Jahren war der Leidensdruck endlich so groß, daß Christine eine Tasche packte und Ihren Mann verließ. Sie fuhr zu ihren Eltern um dort zu übernachten. Ihre Eltern befanden sich gerade in Österreich im Urlaub. Ihr Mann kannte natürlich die Adresse, wo er seine Frau finde könnte und tauchte dort auf um mit ihr zu reden.

Er sagte Ihr zuerst, er hätte Ihre Kleidung komplett zerschnitten. Als sie darauf entsetzt reagierte sagte er, es sei alles nur Spaß gewesen. Er hätte Ihre Kleidung in den Keller gebracht und wollte ihr nur einen Schreck einjagen. Sie hatten sich dann darauf verständigt, sich zu versöhnen. Christine war bereit einen Neuanfang zu versuchen. Sie nahmen sich in die Arme. Bei dieser Gelegenheit zog er eine Schere aus der Hosentasche. Schnipp, schnapp waren Christines mehr als Schulter langen Haare abgeschnitten. So nebenbei muß ich noch bemerken, daß dieser Mann Christine körperlich deutlich überlegen war, und außerdem ein hervorragender Thai Kick Boxer. Das mit den Haaren war für Christine eins zuviel. Sie bekam eine Tobsuchtsanfall und war durch nichts mehr zu beruhigen. Also rief Sombat in seiner Not kurz entschlossen Christines Oma an. Diese kam sofort herüber und beruhigte Christine. Sie empfahl Sombat nach Haue zu fahren und Christine ein paar Tage Zeit zu geben. Er willigte ein und verließ die Wohnung von Christines Eltern ohne Christine. Das Wort der Oma galt für Sombat viel. Was für einen Thai anscheinend auch normal ist. Dort in Asien bringt man älteren Menschen viel mehr Respekt entgegen als hierzulande.

Sombat begründete das Abschneiden der Haare damit, daß dies ein notwendiges sichtbares Zeichen für den Neuanfang sei. Andere Länder andere Sitten. Vielleicht war er auch nur etwas mehr, als nur durch den Wind. Spielschulden, und eine Frau die nicht mehr zu ihm hält. Alles stürzte scheinbar für Ihn plötzlich wie ein Kartenhaus zusammen.

Als Christine nach einigen Tagen frische Wäsche holen wollte, fand sie noch einen Teil Ihre Wäsche eingeweicht und zerschnitten in der Badewanne liegend vor. Die restliche Wäsche war auch im Keller, wie Sombat gesagt hatte, nicht zu finden.

Die liebe Oma ging dann sofort mit Ihr los, um neue Kleidung zu kaufen und eine Kollegin lieh ihr eine Perücke. Ihre Oma sorgte auch dafür, daß Christine trotz der Belastung weiter zur Arbeit ging. Sonst hätte Christine sich selbst dort auch noch Probleme geschaffen.

Nach einigen Tagen, Christines Eltern waren bereits aus dem Urlaub zurückgekehrt, entdeckte Christine in Sombats Nachtschrank die nächste Katastrophe. Ein Schreiben von der Bank, bei der Beide zusammen einen fast abbezahlten Kredit über 3000 DM laufen hatten, bestätigte die neuerliche Kreditaufnahme von weiteren 3000 DM durch Sombat. Die Bank hatte Christines Zustimmung dazu nicht eingeholt. Einmal unterschrieben und mit gehangen immer unterschrieben und mit gefangen. Zu allem Überfluß lag neben dem Schreiben auch noch das Sparbuch, welches gesparte 10.000 DM für eine gemeinsame Thailand Reise aufweisen sollte. Nur dieses Geld war vom Sparbuch bereits von Sombat abgehoben worden. Christine erzählte mir, Sie hätte während Ihrer Ehe mehrfach ihr Geld zum Leben unter dem Teppich verstecken müssen. Natürlich hatte Ihr damaliger Mann das ganze Geld beim Kartenspiel verloren. Na und was meinen Sie, wer den Kredit dann an die Herren von der Bank zurückzahlen durfte, als dieser Sombat nicht mehr zahlen konnte?

Christine rief an dem Tag der Entdeckung, einem Sonntagvormittag, bei Ihrer Oma an und klagte Änne Ihr neuerliches Leid. Worauf Ihr Oma Änne riet, die für den ersten Kredit sogar gebürgt hatte: Ja wenn es gar nicht mehr geht Kind, dann muß Du dich scheiden lassen.

Als Christine ausgezogen war, wollte ihr damaliger Mann sie natürlich zurückholen und lauerte Ihr deshalb ständig vor und nach der Arbeit auf und bedrohte sie. Meinem Schwiegervater möchte ich auch einmal auf diesem Wege dafür danken, daß er ein ganzes Jahr lang Christine zur Arbeit gebracht und von der Arbeit abgeholt und beschützt hat. Ihre damaligen Kollegen müssen auch gelobt werden. Diese waren immer aufmerksam und verhinderten das Sombat Christine abfangen konnte. Auch waren Christines Eltern und der Großvater sofort bereit finanziell zu helfen.

Ach und was ich nicht vergessen darf, dieser spezielle Sonntag vormittag war der Tag an dem Christine das letzte mal mit Ihrer innig geliebten Großmutter gesprochen hatte. Am Nachmittag geschah der Unfall auf der Autobahn bei Hamburg. Noch in der Nacht zum Montag erlag Änne Kondschak ihren schweren Verletzungen im Krankenhaus. Das war wie gesagt ein schwerer Schlag für Christine und Ihre Familie. Ganz besonders für Christine die in einer zerrütteten Ehe steckte und kurz davor war, ihren damaligen Mann endgültig zu verlassen. Einige Tage nach diesem Schicksalsschlag bekam Christine in der Nacht im Traum Ihre Oma zu Besuch. Christine sagt: Das war so real, daß sie sehr erschrocken darüber war. Für Christine und mich eines der ersten selbst erlebten Indizien für ein Leben nach dem körperlichen Tod.

Ungeachtet der Belastungen, die der Verlust eines geliebten Menschen darstellt, setzte Christine Ihren Plan Sombat zu verlassen in die Tat um. Dies geschah mit der tatkräftigen Unterstützung ihrer Eltern in einer wahren Nacht und Nebel Aktion. Als Sombat zur Arbeit war, kamen Möbelpacker, die in Windeseile alles, was Christin lieb und teuer war, einpackten und auf einen Laster luden. Christines Anwalt hatte Ihr geraten, Sombat alles dazulassen, was Sie nicht unbedingt braucht. Ansonsten bestünde die Gefahr, wenn sie alles mitnimmt was ihr einst gehörte, dann würde sie letztlich noch vor der Scheidung Ihre wertvollen Erbstücke verlieren. Dies wurde seitens des Anwaltes damit begründet, daß Sombat ein Nutzungsrecht an jedem Möbelstück gehabt hätte bis die Ehe nach einem Trennungsjahr rechtskräftig geschieden sein würde.

Wir haben heute noch Möbel und Geschirr von dieser wunderbaren Oma Änne stehen. Diese Stücke werden im Gedenken an die Oma von Christine besonders gehegt und gepflegt.

Christine war als Kind sehr viel bei Ihrer Oma, bei der es immer fröhlich zuging. Diese Oma hatte sehr oft Gäste und es wurde bei Ihr immer viel gefeiert. Eben eine rheinische Frohnatur. Ursprünglich war die Oma als gebürtige Münsteranerin der Liebe wegen nach Hamburg gekommen.

Dieser Sombat versuchte sich zu guter Letzt mit Rauschgiftschmuggel aus seinem finanziellen Desaster zu befreien. Wie zufällig wurde er dabei geschnappt, vielleicht auch in eine Falle gelockt von seinen Zechkumpanen, die ihn mit gezinkten Karten zuvor ruiniert hatten. Auch diese Männer wußten sicherlich, wie lebensgefährlich es für sie hätte werden können einen Thai Kick Boxer zum Feind zu haben. So ist man ihn auf diese Weise ganz einfach losgeworden. Irgendwann hätte bestimmt auch Sombat bemerkt, daß man ihn beim Kartenspiel betrogen und ausgenommen hatte.

Wie auch immer, für Christine war dies Ereignis wie eine Befreiung. Die Scheidung wurde zwar doch noch recht teuer, nicht zuletzt wegen des Kredites und der

Mietschulden die nach Christines Auszug aufgelaufen waren. Glücklicherweise hatte der Richter dem zum Scheidungstermin in Handschellen vorgeführten Sombat den Teilansruch auf Christines Rente aberkannt. Somit war diese Trennung ein vollkommener Schnitt.

Das einzige was wir nach all den Jahren von diesem Mann noch gehört haben, war das Christine ihn im Traum mit einer anderen Frau verheiratet und mit Kindern gesehen hat. *Heute steht für uns alle fest: Es war jeweils kein Zufall, daß Christines erste Beziehung und Ihre erste Ehe scheiterten. Woher sollte ein Inder, der Christine überhaupt nicht kannte, von Ihrer Ehe und von mir gewußt haben. Erst viele Jahre später lernte Christine den großen blonden Mann kennen mit dem Sie zwei Kinder haben würde und jetzt hat. Also ist doch einiges in unserem Leben vorherbestimmt.*

Kapitel 4 - Was im Himmel Wohlwollen auslöst und wie wir Menschen damit umgehen.

Die Erfahrungen meiner Frau mit Ehe und verheiratet sein führte dazu, daß sie mich partout nicht heiraten wollte. Aus diesem Erlebnis brachte Christine verständlicherweise einiges an Ängsten mit in unsere Beziehung.

Am Anfang wollte sie bei fast jedem Streit die Koffer packen und weglaufen. Aber da kam meine in der Kindheit hart trainierte Schlagfertigkeit zum tragen. Ich habe mit Engelszungen ohne mir dessen bewußt zu sein mit ihr zu solchen Anlässen stundenlang diskutiert. Dabei haben wir manch eine Träne zusammen vergossen. Wie gut das ich durch meine leidvollen Erfahrungen in der Jugend so sensibel und einfühlsam geworden war.

Ich war zwar, als ich Christine kennenlernte, erst 20 Jahre alt und in Liebesdingen sehr unerfahren, aber dennoch konnte ich mich in meine damals 28 jährige Partnerin sehr gut hineinversetzen. Ich glaube, nein ich weiß, eine gleichaltrige Frau ohne Erfahrungen hätte mir nicht helfen können meine Schwächen, die ich in recht ansehnliche Zahl mitbrachte, abzulegen. Ich konnte an Christines Seite wachsen, mich und mein Potential entwickeln.

Bei Potential fällt mir ein: Haben Sie sich schon einmal Gedanken darüber gemacht, warum Ihnen einige Fertigkeiten, ohne viel üben, so von der Hand gehen und andere erst mühsam erlernt werden müssen.

Für Christine war es wohl ein Geschenk des Himmels, einen Mann zu bekommen, der kaum beziehungsgeschädigt und noch nicht in einem starren Verhaltensmuster steckte. Ein Verhaltensmuster gestrickt aus Erfahrungen und gewachsenen unveränderlichen Einstellungen, wie ich es heute so oft bei anderen beobachten kann. Viele Ehen gehen nach meiner Ansicht an der mangelnden Bereitschaft jedes einzelnen, zuallererst sich selbst ändern zu wollen, zugrunde. Aber glauben sie nicht, ich wäre von selbst darauf gekommen. Nein, nein zu dieser Einsicht bin ich erst Schritt für Schritt gekommen. Gehört hatte ich schon zu Anfang meines Weges davon, aber bis ich es selbst praktizieren konnte, mußte ich viele Kämpfe mit mir selbst und mit Christine austragen. Nicht zuletzt durch den sanfte Druck meiner Frau, Lianes und der Ereignisse wurde meine Wandlung erst möglich.

Kehren wir nun zurück zu dem Punkt, an dem ich begann von Christines Vorgeschichte zu berichten.

Christine und ich waren bei Liane das erste Mal zu Besuch gewesen und hatten nicht nur einen schönen Nachmittag gehabt, sondern einiges erfahren und ein erstes Buch mitbekommen.

Woher Wohin von Professor Dr. phil. Dr.h.c. Walter Hinz erschienen im ABZ VERLAG.

Dieses Buch habe ich förmlich verschlungen. Von den in diesem Buch beschriebenen Ereignissen war ich dermaßen fasziniert, daß ich im Anschluß daran gleich noch ein Buch vom selben Autor lesen mußte. Und zwar das Buch mit dem Titel Geborgenheit, auch im ABZ VERLAG erschienen. Alle dort aufgeschriebenen Berichte von Verstorbenen, wie sie ihr Ableben und Weiterleben in einer anderen Dimension beschrieben, stießen bei mir auf wenig bis gar keinen Widerstand. Das, obwohl ich in Glaubensdingen ein sehr kritische Mensch war. Meine Einstellung zur Kirche und zum Glauben war sehr ablehnend. Und von Gottes Bodenpersonal hielt ich sowieso recht wenig. Nachdem ich diese Beiden Bücher gelesen hatte wurde mir auch klar, daß Gott und Kirche nicht unbedingt etwas miteinander zu tun haben.

Das dort, in diesen Büchern gelesene, unterschied sich so deutlich von dem, was ich über Glauben und das Leben wußte. Es war so unkompliziert und so bewegend. Ich hatte zwar keine ähnlichen Erlebnisse bis zu diesem Zeitpunkt aufzuweisen, aber dennoch hatte für mich die Vorstellung, daß es nach dem Tod weitergeht etwas ungemein tröstliches. Auch die Angst, mein ständiger störender Begleiter, wurde durch diese Hoffnung schwächer.

In den ersten Jahren unseres Zusammenlebens ohne Trauschein versuchte ich mich selbständig zu machen, was aber gründlich daneben ging. Ich hatte aber Glück, und kam mit einem blauen Auge davon. Mit Aushilfsarbeiten konnte ich dann gelegentlich zum Lebensunterhalt von Christine und mir beitragen. Aber diese waren in den betreffenden Jahren nicht so einfach zu finden. Besonders nicht für jemanden, der voller Ängste steckte und sich nichts zutraute. Gut, ich hatte Begabungen aber damit war kein Geld zu verdienen. Ich konnte schon immer gut Zeichnen und hatte, als ich noch bei meinen Eltern wohnte, sogar Unterricht bei einem Künstler genommen. Aber was kann man damit schon anfangen, wenn man für moderne Kunst überhaupt keine Antenne hat.

Ich laß also viele esoterische Bücher und Liane wurde in den vielen Gesprächen die wir führten zum Werkzeug Gottes und zu unserem Sprachrohr. Erst unmerklich für mich wurden wir bei diesen Gesprächen mehr und mehr inspiriert.

Die ersten Lektionen drehten sich, wie schon erwähnt um die Zufälle des Lebens. Dazu gehörte auch die Betrachtung der eigenen Vergangenheit. Zumindest der Versuch die eigene Vergangenheit aus einem anderen Blickwinkel zu sehen. Als uns dies gelungen war, sprachen wir über die Dankbarkeit. Die Dankbarkeit für all das Gute was wir bereits hatten.

Denken Sie doch auch einmal darüber nach, für was Sie alles dankbar sein könnten.

In all den Büchern die ich gelesen hatte stand, wie wichtig daß Gebet ist. Auch über unser Sprachrohr, so werde ich ab jetzt Liane nennen, wurden wir gefragt, wie oft wir denn zu Gott beten und mit IHM sprechen würden. Man erklärte uns, daß alles, was wir sind nur durch Gott sind. Sobald man das für wahr angenommen und akzeptiert hätte, wäre es doch eigentlich nur logisch IHM wenigstens zu sagen wie dankbar man für dies alles sei.

Ich begann also zu beten. Zuerst fühlte ich mich gar nicht wohl dabei. Ich war verunsichert und vor Ehrfurcht vor IHM wie erstarrt. So blieben wohl in der ersten Zeit meine Gebete an der Zimmerdecke hängen. Angespornt durch Christines und meine Unzufriedenheit mit unserer Situation wurden meine Gebete immer flehender. Auch die ständige Mahnung seitens unseres Sprachrohrs in unseren Bemühungen nicht nachzulassen halfen mir dabei sehr. So kam es, daß sich bei mir immer öfter Träume einstellten. Für mich ein ganz deutliches Zeichen, daß ich im Geistigen anfing zu arbeiten. Viele der Träume verstand ich zwar nicht, aber es war keiner dabei der mir Angst einflößte. Bei einem dieser Träume erhielt ich schon Hinweise auf ein eigenes Haus und auf meinen Sohn, dem ich im Traum bereits die Schuhe zugebunden habe, lange bevor er geboren wurde.

Kapitel 5 - Die Unsicherheit, ein schier unüberwindliches Hindernis.

Unsere finanzielle Situation war an einem Punkt angekommen, wo wir nicht mehr weiter wußten.

Auch die vielen Gespräche und die Berge von Büchern die ich gelesen hatte, brachten mich keinen Schritt weiter. Also brach ich mein Studium ab und hoffte eine Arbeit zu finden. Aber das einzige was sich mir bot waren ein paar Tage Nachtschichten bei der Post in der Vorweihnachtszeit in der Paketzentrale. Ich war so glücklich über das bißchen Geld was mir die Möglichkeit gab endlich mal wieder Christine etwas zu schenken, was ich von selbst verdientem Geld bezahlen konnte.

Im Januar des Jahres 1987 wußte auch unsere Freundin Liane, unser Sprachrohr, nicht mehr weiter. Sie wußte ganz sicher das Christine und ich heiraten müßten, dann würde alles laufen und ins Rollen kommen. Sie war sich dessen ganz sicher, daß Gott sich sehr viel Mühe gegeben hatte, uns zusammenzuführen. Das wir alleine durch unsere fehlende Bereitschaft den naheliegenden Schluß daraus zu ziehen und zu heiraten, alles weitere blockieren würden.

Bei uns, oder besser bei Christine redete sie gegen eine Wand. Christine wollte nicht so recht an das glauben, was uns durch unser Sprachrohr gesagt wurde. Zum Beispiel, daß wir zwei Kinder bekommen könnten, einen Jungen und ein Mädchen. Das ich der einzige Mann wäre der hundertprozentig zu Ihr passen würde, und mit dem sie glücklich alt werden könnte.

Anhand der gelesenen Bücher und der darin über unser aller Woher und Wohin gefundenen Informationen, ging Liane sogar soweit zu vermuten wir wären ein Dualpaar. Sollten Sie jetzt vielleicht nicht wissen was Dualpaare sind, hier ein Erklärungsversuch. Wir Menschen sind Wesen göttlichen Ursprungs, die sich aus eigenem Verschulden heraus von Gott weit entfernt haben. Wir müssen nun alle durch einen mehr oder weniger lange dauernden Prozeß der Entwicklung unsere geistigen Fähigkeit wieder hart erarbeiten. Wie lang das dauert, hängt von uns selbst ab. Eine der für mich wichtigsten Erkenntnisse auf diesem Wege ist es: Zu Akzeptieren, daß wir uns mit unserem freien Willen von Gott getrennt und soweit entfernt haben. Das es nun nur von unserem Willen abhängt, wann wir wieder zu IHM zurückkehren können. Das heißt aber auch, daß wir uns selbst ändern müssen und nicht die anderen. Ganz besonders in unserem Denken und Handeln. Erst dann wird ER uns dabei unterstützen und uns helfen, uns weiter zu entwickeln. Soweit, daß wir unseren ursprünglichen Platz in seinem Reich wieder einnehmen können.

In dieser Bewußtseinsstufe in der wir im geistigen geboren/geschaffen wurden, gab und gibt es immer die Dualität. Das bedeutet, auch wie hier auf Erden, paßt zu jeder Hälfte eine weitere Hälfte um ein Ganzes zu ergeben. So wie oben, so auch hier unten. Da unsere Dimension nur einen Abglanz der geistigen Welt darstellt, ist hier also auch die Ehe ein recht unvollkommener Versuch es dem Himmel gleichzutun und die richtigen Partner zu vereinen. Man betrachte nur die enormen Scheidungsquoten und die vielen unglücklichen Verbindungen. Vor diesem Hintergrund ist die Aussicht ein Paar zu sein, daß im Himmel schon zusammengehörte ein echter Knüller. Aber denken Sie jetzt nicht, deswegen hätten meine Frau und ich es in unserer Ehe bis jetzt leichter als die, die kein Dualpaar sind. Es heißt auch nicht, daß eine Ehe zwischen nicht als Dual zusammengehörenden nichts taugt und keine glückliche sein kann. Was ist schon ein Leben und eine Ehe im Hinblick auf die Zeit die wir alle schon existieren, noch existieren werden und die Ewigkeit.

Nur eines ist ganz sicher, wenn wir die Zeit des Lernens hinter uns gebracht haben und unseren geistigen Besitz in Gottes Reich zurückerhalten, dann werden wir von unserem Dualpartner erwartet, oder warten dort auf ihn.

Mir fällt bei dieser Gelegenheit eine seltsame Begebenheit ein. Christine und ich lebten in wilder Ehe zusammen, als eines Abends Christine die bereits tief schlafend neben mir lag sich plötzlich aufrichtete. Ich lag mal wieder mit einem esoterischen Buch in der Hand nichts ahnend neben ihr. Christine hatte sich so ungewöhnlich aufgerichtet, daß ich mich richtig erschrocken habe. Wenn Christine sonst wach wurde brauchte sie immer eine gewisse Anlaufphase, ehe sie sich langsam erheben konnte. So urplötzlich hochzuschnellen war überhaupt nicht ihre Art. Also weiter. Sie drehte ihren Kopf zu mir und sah mich so liebevoll und gleichzeitig auch überrascht an. Ich erwiderte nur irritiert und erschrocken Ihren auf mich herab gerichteten Blick.

Als ich mich von meinem Schreck erholt hatte war Christine so schnell, wie sie hochgekommen war auch wieder auf das Kissen zurückgesunken. Ich sprach Christine an. Bekam aber als Antwort nur Ihre leisen regelmäßigen Atemzüge zu hören. Auch sanftes Rütteln konnte sie nicht aus Ihrem Schlaf holen.

Am nächsten Tag habe ich Christine darauf angesprochen und nachdem sie sich an nichts erinnern konnte ihr alles erzählt. Sie wußte sich keinen Reim darauf zu machen. Liane der wir natürlich davon erzählt hatten, wußte sofort Bescheid. Sie sagte uns, man hätte im Himmel (oder in der Dimension, wo wir uns mehr oder weniger oft aufhalten wenn wir Schlafen) Christine mitgeteilt und gezeigt wer ich bin. Da mußte Christine, wie Frauen eben so sind, schnell mal nachschauen ob ich dem Dual, was man ihr gezeigt hatte, auch wirklich ähnel.

Das war natürlich Wasser auf Lianes Mühle. Aber Christine blieb standhaft, nein noch mal heiraten wollte sie nicht. Auch die sanfte Drohung, ungehorsam zu sein führe zu nichts, jedenfalls nichts Gutem, half nicht.

Kapitel 6 - Einen Blick in die Zukunft werfen, wer möchte das nicht ?

Eines Tages bat uns Liane doch im Hinblick auf meine Schwierigkeiten eine Aufgabe zu finden, einmal zu ihrer ehemaligen Arbeitgeberin zu gehen und uns die Karten legen zulassen. Diese Frau U. von der wir schon einiges von Liane gehört hatten war nicht billig. Aber eine sehr gute Wahrsagerin, Heilerin und Karten Legerin. Unser Vertrauen in unser Sprachrohr war bereits schon so groß, daß wir uns trotz unseres überzogenen Kontos vornahmen dorthin zu gehen.

Aber ob diese UPPI, wie Liane sie liebevoll nannte, wirklich gut sei, daß wollten wir selbst erfahren und herausfinden. Also ging ich zu ihr und ließ mir die Karten legen und nannte nur meinen Namen und mein Geburtsdatum und das mir eine nicht näher benannte Bekannte ihre Rufnummer gegeben und sie uns empfohlen hätte.

Liane wiederum sicherte mir zu, zwar schon mal von uns erzählt zu haben aber nicht namentlich und nicht ausführlich.

Da saß ich also nun und bekam zu meinem Erstaunen eine Beschreibung von meiner Person wie ich sie nicht besser hätte abgeben können. Alles stimmte, mein Charakter, meine Vergangenheit und meine derzeitige Situation. Ich war überwältigt und meine anfänglich Nervosität wich einer wachsenden Neugier. Nun wollte ich alles wissen. Ich erfuhr vieles. So zum Beispiel, daß ich Vater werden würde. Zuerst ein Mädchen und dann einen Buben. Und dieser Junge würde zwar erst der Mutter gehören aber dann nur noch mein Sohn sein. Durch meine Tochter würde ich mein Asthma verlieren. Beruflich würde es ganz schnell bergauf gehen. Fast Kometenartig würde ich beruflich und finanziell aufsteigen. Aber heiraten müßte ich dieses Gottesgeschenk an meiner Seite schon, sonst würde aus all dem nichts.

Sie sagte noch so viel über diese tollen Karten die Sie so selten hätte. Über diesen tollen Mann der da vor ihr saß, daß mir fast die Ohren geklungen haben. Ich fühlte mich längst nicht so toll wie Frau U. mich beschrieb. Und von dem erfolgreichen Geschäftsmann war ich als Arbeitsloser noch sehr weit entfernt.

Ich schwebte trotzdem förmlich auf Wolken als ich Heim fuhr. Alle waren überglücklich ob der tollen Sitzung.

Und nun wollten wir testen wie gut Frau U. wirklich war.

Christine arrangierte einen Termin und saß einige Tage nach mir vor Frau U. zum Deuten der Karten. Natürlich hat Christine nicht gesagt, daß ich schon ein paar Tage vorher dagewesen war.

Also Frau U. legte bei Christine los und beschrieb auch Christines Charakter, Vergangenheit und derzeitige Situation so perfekt, daß auch Christine nur zu staunen hatte. Ich könnte mir heute noch die Hände reiben, bei der Vorstellung wie Christine anhand der Auslegung der Karten klargemacht wurde: Daß die vor Ihr liegende schöne Zukunft mit Geld, zwei Kindern, eigenem Auto und Haus nur eintreten kann, wenn sie ihre Ängste aufgibt und diesen wundervollen Mann heiraten würde mit dem sie jetzt zusammenlebt. Sie solle sich auch wegen der acht Jahre Altersunterschied keinen Kopf machen. Dieser junge Mann sei nur äußerlich jung aber eine alte Seele, die nur etwas später als sie auf die Welt gekommen sei. Außerdem sei dies eine Ehe die bereits im Himmel geschlossen worden wäre.

Ich saß derweil in der Gertigstrasse in einer Kneipe, trank Kaffee und wartete auf meinen Einsatz.

So etwa nach einer Stunde ging ich dann in die Geibelstraße und klingelte an der Tür bei Frau U..

Das Gesicht hätten Sie sehen sollen, als ich die Treppen hochkam. Frau U. sagte sofort. Das ihr mich aber auch immer testen müßt.

Als ich dann drinnen Platz genommen hatte und schöne Grüße von Liane bestellt hatte hat Frau U. noch ein bißchen weiter die Karten gelegt und sich mit uns angeregt unterhalten.

Hinterher erzählte mir Christine dann, daß Frau U. beim Legen ihrer Karten schon mehrfach gesagt hatte: Komisch diese Karten kommen mir so bekannt vor. Es ist alles so, als wenn sie das Gleiche schon vor kurzem einem anderen so gelegt und gedeutet hätte.

Nach diesem denkwürdigem Nachmittag faßte sich Christine ein Herz und sagte endlich, endlich JA!

Drum prüfe wer sich ewig bindet, ob sich nicht noch etwas besseres findet. Na und geprüft hatten wir wirklich ausgiebig.

Kapitel 7 - Die Bereinigung der Vergangenheit.

Vor dieser ganz tollen Sache mit Frau U. war aber nicht nur Christine störrisch. Mir lagen Liane, Christine und Karin in den Ohren damit, doch mit meinen Eltern wieder Kontakt aufzunehmen und uns zu versöhnen. Die Engel möchten so gerne, daß wir Menschen unsere Zwistigkeiten begraben, Frieden schließen und durch so etwas unseren eigenen geistigen Aufstieg nicht weiter behindern. Oder wollen Sie nur wegen einer nicht gelösten Verbindung, entstanden aus einem Streit mit fehlender Versöhnung, noch einmal auf der Erde wiedergeboren werden. Also ich nicht, so schön ist es in dieser Welt hier nun wirklich noch nicht. In solchen Dingen sind die Engel unerbittlich. Die Wahrscheinlichkeit mit seinem ärgsten Feind in einem neuerlichen Leben zusammengeführt zu werden ist recht hoch. Der Trick dabei ist ja die Gnade des Vergessens. Die Gnade, daß wir uns an unsere früheren Leben und die darin gemachten Erfahrungen nicht erinnern können. Wir können jedesmal von vorne anfangen.

Lange Zeit habe ich diesem Ansinnen, der Versöhnung mit meinen Eltern, genauso standgehalten wie Christine den Heiratsplänen.

Ich habe zwar immer gut argumentiert, aber es wollte mir vorerst keiner glauben, wie bösartig und gemein meine Eltern zu mir und meinem Bruder gewesen waren. Alle taten das mit verletztem Stolz auf meiner Seite ab.

Zum Muttertag vor meiner Hochzeit habe ich meinen Widerstand aufgegeben und heimlich einen Blumenstrauß an meine Mutter geschickt.

Als dann eines Tages Liane wieder davon anfing, ich sollte mich mit meinen Eltern versöhnen, da hab ich die überraschten Gesichter so richtig genossen. Für eine Überraschung war ich schon immer gut.

Bezugnehmend auf diese Versöhnungsgeste hatte ich einen Traum, in dem sich meine Mutter in den Kopf schoß. Ich war entsetzt ! Aber unser Sprachrohr beruhigte mich, daß würde nur bedeuten meine Mutter hätte Ihr Denken über mich grundsätzlich über den Haufen geworfen.

Nun rückte der Hochzeitstermin immer näher und trotz unserer bescheidenen Mittel gelang es uns schlichte und trotzdem schöne Ringe zu kaufen. Ganz schmale nur aber wenigstens goldene, und in Christines war sogar noch ein ganz kleiner Stein eingearbeitet.

Zur standesamtlichen Trauung und zur Hochzeit lud ich dann auch meine Eltern schriftlich ein.

An diesem besonderen Tag wurden wir von meinen angehenden Schwiegereltern abgeholt, fanden uns vor dem Standesamt ein und warteten auf unsere Gäste. Wer nicht kam, waren meine Eltern und mein älterer Bruder. Ich war den Tränen nahe, ich hatte mir doch soviel Mühe gegeben Gottes Willen zu entsprechen und meinen Eltern die Hand zur Versöhnung zu reichen. Liane mußte mir gut zureden, damit ich meine Fassung wiedergewinnen konnte.

Sie versprach mir für solche Gelegenheiten gibt es eine goldene Regel. Für das Eine was man aus Liebe tut und nicht gelingt, weil die Empfänger nicht mitspielen, folgt ganz sicher doppelter Ausgleich unverzüglich oder mit etwas Verspätung (Engel haben es nicht so eilig wie wir).

Als wir dann getraut waren, nach einem ewig dauerndem Monolog seitens des eigentlich sympathischen Standesbeamten traten wir endlich als verheiratete vor die Tür. Dort standen mein älterer Bruder Manfred mit seiner Freundin und mein kleiner Bruder; sie wissen doch noch, der den ich als Kind nicht mochte und den ich seit meiner Flucht aus dem Elternhaus nicht mehr gesehen hatte. Wie schön ist es wenn eine wohlwollende Freundin Recht behält. Da scheint doch an dieser goldenen Regel was dran zu sein.

Es wurde noch eine schöne Hochzeit bei strahlendem Sonnenschein. Mein Schwager Matthias machte die Hochzeitsfotos. Auf einigen Bildern war ich passend abgelichtet worden. Nämlich jeweils ohne Kopf. Erst war ich ihm deswegen ein bißchen böse. Heute weiß ich, daß das die Engel waren, die sich einen Spaß mit mir gemacht haben. Es sollte mir nur im nachhinein zeigen wie kopflos ich auf meiner Hochzeit war. Nichts geschieht zufällig. Nur man braucht manchmal so verdammt lange bis einem die Dinge klar werden. Für das Erkennen der Sache mit den kopflosen Hochzeitsbildern habe ich immerhin nur 10 Jahre gebraucht. Na, ich bin gespannt wo mir beim Schreiben dieses Buches noch der Groschen fällt.

Kapitel 8 - Mein erstes Engelerlebnis.

Ach ja, wie zufällig wurden Christine und ich von einem Ihrer Arbeitskollegen gesehen, als wir in unserem Hochzeitsstaat im Auto saßen. Dieser Kollege fuhr mit dem Firmenbus viel in der Innenstadt herum. So war es wohl für die Engel leichter diese Begegnung zu arrangieren. Für solche Aufgabe gibt es besondere Engel. Die Engel der Synchronisation.

In der Firma wußte er dann zu berichten, daß er Christine und mich gesehen hätte. Er sagte er hätte diese edle Dame mit großem Hut und rotem Kleid mit dem schicken Herren in grau an der Seite zuerst gar nicht erkannt. Hoppla danke, beinahe hätte ich das wichtigste vergessen. Bei der Wahl der Kleidung bekam unser Sprachrohr von den Engeln ein Gedankenbild gezeigt: Christine in einem rotem Kleid mit weißem Hut und mit einem Hochzeitsstraus aus Maiglöckchen aus dem drei rote Rosen herausschauten. Ich konnte mir für einen Brautstrauß Maiglöckchen zwar nicht vorstellen, aber ich fand auf Anhieb den richtigen Blumenladen, der mir einen solchen Strauß anfertigen konnte und auch wollte. Es wurde wirklich ein wunderhübscher Strauß. Mit diesem Strauß wurde uns über unser Sprachrohr mitgeteilt, daß die Maiglöckchen gewählt und vorgeschlagen wurden, weil dies unsere Blumen seien. Mit anderen Worten, bestimmte Seiten unseres Seins charakterisieren würden. So zum Beispiel: Zartheit, Widerstandsfähigkeit, schöne Schlichtheit und Boten einer neuen Zeit eines geistigen Frühlings zu sein.

Wie durch "Zufall" fanden wir nach der Hochzeit in einem Kaufhaus neue Bettwäsche in weiß mit einer Maiglöckchenstruktur. Wir waren uns erst nicht ganz sicher, ob wir uns so teure Bettwäsche von dem Geld, was wir zur Hochzeit geschenkt bekommen hatten kaufen sollten. Aber als wir entdeckten, welche Blumen sanft schimmernd zu sehen waren, haben wir nicht mehr gezögert.

Unser Sprachrohr sagte uns, in dieser Bettwäsche würden wir unsere Kinder zeugen. Sie sagte manchmal wirklich komische Sachen.

Nach unserer Hochzeit hatten ich immer noch viel freie Zeit. Ich nutzte diese Zeit um viel zu lesen, Liane zu besuchen und zu faulenzen. Das gab manchmal Streit zwischen mir und Christine, die sich von mir mehr Unterstützung bei der Hausarbeit erhoffte. Sie ging arbeiten und ich hab mich einfach zu Liane abgeseilt und mich dort verwöhnen lassen. An einem dieser Nachmittage war ich mit Liane auf einem Spaziergang durch den nahegelegenen Wald mit Ihren Hunden. Wir unterhielten uns über unser Lieblingsthema, als ich das Gefühl hatte es würde mir jemand kalt in den Nacken blasen. Ich sagte das Liane und die sah mich ganz eigenartig an und erklärte sie hätte das Gefühl in Watte gepackt zu sein. Wir wunderten uns und gingen Heim um Kaffee zu trinken. Als wir dort so gemütlich beisammen saßen, wurde Liane mit einem Mal ganz ruhig und nahm Ihre Hände vor das Gesicht und fing nach einer Weile an zu weinen. Als sie sich gefaßt hatte nahm sie meine Hände in die ihrigen und sagte, ihr wäre eben ein wunderschöner Engel erschienen. Dieser hätte sich als der meinige Schutzengel mit seinem Namen bei Ihr vorgestellt, sich für die Liebe die Liane mir gegenüber hege und für Ihre Hilfe bedankt. Ich kann Ihnen lieber Leser, liebe Leserin, meine Ergriffenheit und meine Freude und Dankbarkeit nicht annähernd so intensiv beschreiben, wie ich es in dem Moment empfunden habe. Ich glaube diesen Nachmittag, seit dem ich meinen Schutzengel mit seinem Namen ansprechen kann, werde ich nie mehr vergessen. Für mich war dieser Kontakt zu meinem Schutzengel über unser Sprachrohr die Erfüllung einer meiner Bitten, die ich im Gebet Gott vorgetragen hatte. Dieses Ereignis war für mich eine Bestätigung dafür, daß ich mich auf dem richtigen Weg befand.

Kapitel 9 - Von der einfachen Hausfrau zur Botin Gottes.

Hier muß ich nun wirklich endlich die Erzählung über meinen Werdegang unterbrechen. Ich möchte Ihnen diese Liane, die meine Mutter hätte sein können, was mir auch tausendmal lieber gewesen wäre, näherbringen. Das dieses Sprachrohr eine wichtige Rolle in meinem und Christines Leben spielen wird, hat sich bestimmt jeder der sich mit "Glauben im weitesten Sinne" befaßt wohl schon erkannt.

Hier nun eine kurze Beschreibung, die ich mit Ihrer Erlaubnis einem Brief der Ihr einmal von Oben diktiert worden war entnommen habe. Ich hatte Ihr vorgeschlagen Sie und Ihren Werdegang kurz in meinem Buch zu beschreiben. Darauf hin begann Sie mir sofort zu erzählen, wie sie sich das so vorstellt. Ich habe Sie unterbrochen und gebeten erst einmal zuzuhören, was ich aus einem Brief den ich einmal für Sie mit dem Computer abgeschrieben hatte entnommen habe.

Ich Liane Koplin geborene Julius bin über 60 Jahre alt und hatte eine unglückliche Geburt als Mädchen.

Erwartet und erwünscht war nur ein Sohn. Also habe ich alles mögliche versucht, wie ein Junge zu sein, um geliebt zu werden. Vergebens ! Da es in meinem Elternhaus Gott nicht gab, kannte man auch keine Dankbarkeit und Liebe.

Mit 16 Jahren habe ich geheiratet. Einen Zimmermann. Einen wunderbaren Menschen. Sein Elternhaus war kommunistisch. Er ein Antichrist. Gott und Jesus waren für uns kein Thema. Dazu folgendes. Mit 13 Jahren war ich im Konfirmantenunterricht. Ich wollte es so gern und meine Mutter hat es mir auch erlaubt. Unser Pastor sprach von Marias Empfängnis. Gleichzeitig hatte ich in der Mittelschule Biologie. Dort wurden wir unterrichtet über die Zeugung. Zur Zeit meiner Jugend hatte man vor den Erwachsenen noch sehr viel Respekt. So stand ich schüchtern auf und sagte dem Pastor, daß das, was er uns da erzählen wollte, wohl nicht ganz richtig wäre. Anstatt sich meiner anzunehmen, und es mir zu erklären, warf er mich raus.

Er beschimpfte mich vulgär und verdorben zu sein. Ich verstand überhaupt nichts mehr. Aber für mich waren damals Kirche und Gott eins. Und Beides war für mich erledigt. Für lange, lange Zeit.

Leider ist dann unser Sohn, der jetzt in den Vierzigern ist, auch so aufgewachsen. Mein Mann, mein Sohn und ich hatten statt Konfirmation Jugendweihe. Als ich elf Jahre alt war, ließen sich meine Eltern scheiden. Ein Jahr später fand meine Mutter ihren zweiten Mann und bekam den ersehnten Sohn. Dieser Mann mochte leider nicht nur meine Mutter, sondern auch mich, in ungehöriger Weise. Ich war immer auf der Hut, nicht mit ihm alleine zu sein. Darum auch meine frühe Heirat. Das Leben war oft ganz schön schwer zu ertragen. Es gab Verluste, Krankheiten (Krebs bei meinem Mann). Wir haben beide schwer und viel gearbeitet. Aber eines haben wir uns geleistet. Über dreißig Jahre haben wir immer Hunde gehabt. Aber nicht nur gehabt, sondern innig geliebt. Auch jetzt lebt wieder ein kleiner Mischling aus dem Tierheim bei uns. Ich stehe jeden Tag mit Freuden auf. 1980 hatte ich ein schlimmes Erlebnis. Ich wußte nicht mehr weiter. Aber eines war mir klar. Kein "Mensch" konnte mir helfen. Nach langer Quälerei habe ich mich einer Kollegin anvertraut. Die brachte mich zu einer "besonderen Frau". Und diese besondere Frau, Frau U., hat mir von Jesus und Gott erzählt. Mit mir gebetet. Mir Bücher gegeben. Meine Fragen beantwortet. Mich eingeführt in alles, was Gottes Schöpfung ist. Was er von uns erwartet und warum wir Menschen sind.

Ich weiß, daß wir alle einen Begleiter und Helfer mitbekommen haben . Ich habe gelernt zu lieben, zu vergeben und zu verstehen. Ich weiß um unsere Verschuldung als Geistwesen und von dem Engelsturz. Ich habe auch voll begriffen, was Jesus für uns getan hat. Mein Leben verläuft heute ganz anders. Und was für mich so wunderschön ist, mein Mann geht schon seit Jahren den gleichen Weg mit. Und nicht nur mein Mann. Meine ehemalige Kollegin (längst meine Freundin) und deren Kinder gehen auch diesem Weg mit.

Als Liane unser Sprachrohr dies gehört hatte war sie sprachlos. Sie konnte sich an den Brief und den Inhalt gar nicht mehr erinnern.

Bemerkung: Für Durchgaben oder inspirierte Sätze die einfach in ein Gespräch von den Engeln eingeworfen werden gilt aus unserer Erfahrung folgende Regel. Durchgaben können von dem Inspirierten nicht wiederholt werden. Nur die Anwesenden Zuhörer können das. Daran sind diese Durchgaben aber auch von unseren eigenen Ideen und Gedanken ganz klar zu unterscheiden.

Kapitel 10 - Wie himmlische Versprechen eingelöst werden.

Wir hatten an einem Nachmittag auch besprochen, daß ich mich nicht mehr nur in der Zeitung nach einer Arbeit umsehen sollte. Die Engel baten mich zum Arbeitsamt zu gehen und mich, als einer der Arbeit sucht, zu melden. Diese Idee war Liane so plötzlich über die Zunge gerutscht, daß sie selbst von Ihren eigenen Worten überrascht war. In der ersten Zeit schalteten sich die Engel oft auf diese Art in unsere Gespräche ein.
Die Dame dort war sichtlich irritiert über den jungen Mann der nur arbeiten wollte und nicht kam, um finanzielle Unterstützung zu erhalten. Sie sagte, sie hätte im Moment nichts für mich, würde sich aber bei mir melden.
Nach dem Sommer des Jahres 1987 wurden wir immer unruhiger, weil ich immer noch keine Arbeit hatte.
Bei den vielen Gesprächsnachmittagen bei Liane und ihrem Mann Heinz baten mich die Engel über unser Sprachrohr Fahrstunden für einen Führerschein zu nehmen. Das gefiel mir gar nicht, ich sagte sofort: Wovon soll ich den denn um Himmels Willen bezahlen. Ich kam dieser Bitte aber trotz erheblicher Bedenken seitens unserer finanziellen Situation sofort nach. Manchmal verlangt Gott einfach nur Vertrauen und ein wenig Geduld von uns.
Eines schönen Tages trudelte endlich ein Brief vom Arbeitsamt ein, indem man mich bat, mich bei einer Firma A. vorzustellen. Oh Gott, was war ich aufgeregt. Ich nahm all meinen Mut zusammen, rief sofort an und bekam kurzfristig einen Termin um mich vorzustellen.
Die Arbeit sollte zwar nur eine Art von Hilfsarbeit sein, aber wenigstens einen Chance für einen Einstieg. Ich stellte mich den beiden Herren vor, die die Firma darstellten. Es gab sonst nur noch eine Halbtagskraft, die als Sekretärin fungierte. Die Herren sagten zu mir, sie hätten sich genauso jemanden wie mich gewünscht. Einen Mann der mit einem heißen Lötkolben umgehen kann und der noch dazu ein wenig von der Elektrotechnik versteht. Was für ein Zufall, mit dem Lötkolben konnte ich umgehen wie ein Maler mit seinem Pinsel.
Und dann kam die letzte Frage die für die Herren sehr wichtig war, weil man beabsichtigte mich gelegentlich zu Kunden zu schicken. Haben Sie Herr Meyer einen Führerschein? Oh, was war ich Gott dafür dankbar, daß ich von Ihm geführt bereits mit dem Führerschein angefangen hatte. Die Theoretische Prüfung hatte ich dann in einem wahren, für mich ungewöhnlichem Kraftakt des Lernens und Paukens mit 0 Fehlern bestanden. Ich wurde sofort eingestellt, und konnte am darauffolgendem Tag bereits meine Arbeit aufnehmen. Wie groß war die Freude und meine Dankbarkeit. Ich glaube bis zu diesem Zeitpunkt hatte ich noch Zweifel und betete unregelmäßig zu Gott. Aber jetzt nahm ich mir vor noch inniger zu beten und auch öfter.
Als ich dann im August 87 angefangen hatte zu arbeiten, wurde den Herren bald klar, was sie an mir hatten. Wenn ich das einmal ganz bescheiden bemerken darf. Sie versprachen mir einen Firmenwagen, wenn ich erst meinen Führerschein hätte.

Gott, was war ich DIR dankbar dafür, mir so eine Stelle zuzuführen, wo ich als Führerscheinneuling gleich einen Firmenwagen bekam. Was für mich natürlich eine erhebliche finanzielle Entlastung darstellte. Denn, wo hätte ich das Geld für ein eigenes Auto hernehmen sollen und dann erst für die Steuern und die Versicherung.

Mein Fahrlehrer war nun gegen Mitte September endlich der Meinung, ich wäre fit für die Prüfung und wollte mich anmelden. Bei nächster Gelegenheit teilte er mir mit, daß er für mich einen Termin bekommen hätte. Das sei die gute Nachricht. Die schlechte Nachricht sei aber, daß der erste Oktober der frühest mögliche Termin gewesen sei. Da bekam ich Panik, denn ab diesem ersten Oktober 1997 waren die Prüfungsbedingungen verschärft worden.

Ich haderte mit Gott und zweifelte an seinem Wohlwollen und an seiner Führung. Liane machte sich keine Sorgen, Sie war ganz sicher, das ich es schaffen würde, beneidenswert.

Es rückte der entscheidende Tag näher und ich betet zu Gott: "hilf mir nicht durch die Prüfung zu fallen ". Er hatte mir schon geholfen, nur ich dummer kleiner Mensch ahnte nichts von seinen Vorkehrungen und Vorbereitungen für mich. Nicht er persönlich. Aber die in seinem Auftrage handelnden und Einfluß nehmenden Engel.

Ich wurde noch unsicherer, als mir mein Fahrlehrer erzählte, daß dieser Prüfer ein fairer aber strenger alter Hase sei, der eine schwere Gehbehinderung hätte. Bei diesem könne man sich nicht so einfach durchschummeln.

Liane empfahl mir diesem Prüfer meine Hilfe beim Einsteigen anzubieten, was ich dann auch tat.

Es ging in meinen Augen leider schief, weil ich im barschen Ton abgewiesen wurde. Zuerst fuhr eine junge Frau den Wagen über die Kraftstraße nach Bergedorf und zu der Straße bei den Körber Werken.

Ich glaube Kampchaussee heißt die Straße, für alle diejenigen die mit den Örtlichkeiten dort vertraut sind. Die verlängerte Prüfung von einer halben auf eine dreiviertel Stunde endete für die junge Frau dort glücklich. Denn beim Anhalten fuhr sie zu dicht an den Straßenrand und hätte, wenn der Fahrlehrer nicht von unten heimlich ins Lenkrad gegriffen hätte und gegensteuerte beinahe an einem parkendem Auto den rechten Außenspiegel abgefahren. Resultat Prüfung glücklich bestanden.

Nun war ich an der Reihe. Wir wechselten die Plätze und ich fuhr los. So ganz nebenbei bemerkte mein Fahrlehrer, wir müssen ja nun wegen der neuen Prüfungsbedingungen ein Stück Autobahn fahren, Herr Sowieso wo sollen wir denn lang fahren. Der Prüfer gab von hinten zurück, ich kenne mich hier nicht aus bitte sagen Sie doch dem Prüfling, wo er lang fahren soll. Also fuhren wir eine Strecke die mir durch meine Fahrstunden bestens vertraut war und kamen auf der Veddel auch noch in einen Stau. Der Prüfer war todunglücklich und rutschte auf der Fahrt auf der Autobahn immer tiefer in den Sitz. Das war auch der Grund warum er zuvor das Eingreifen meines Fahrlehrers bei der jungen Frau nicht bemerkt hatte. Denn 100 Stundenkilometer Geschwindigkeit mit einem Prüfling war der alte Prüfer nicht gewohnt.

So nun wieder zu mir. Am Berliner Tor hupte man mich an und mein Fahrlehrer sagte sofort. Das haßt Du richtig gemacht nicht in die Kreuzung einzufahren, solange Du nicht sicher sein kannst diese für den nachfolgenden Verkehr freimachen zu können.

Wir kamen nun zum Ausgangspunkt mit einiger Verspätung zurück und der Prüfer sagte: Einparken können wir jetzt wegen der fortgeschrittene Zeit nicht mehr prüfen, aber eine Stoppstraße muß der junge Mann, ich , ja wenigstens noch haben. Na und da wußte ich sofort worauf es ankam, brachte am Stopschild alle vier Räder zum stehen und hatte kurz darauf bestanden. Ich war ja so glücklich und Gott für alles so unendlich dankbar und bat um Verzeihung weil ich an Ihm gezweifelt hatte.

Noch am darauffolgenden Tag fuhr einer meiner Chefs mit mir zum Autohändler und kaufte den Wagen, den Sie für mich ausgesucht hatten. Einen wunderschönen gold metallic lackierten VW Passat Kombi Diesel. Ich durfte den Wagen (Karlchen von mir genannt) gleich nach Feierabend mit nach Hause nehmen.

Ich holte Christine ab und wir fuhren als erstes mit Karlchen zu Liane, ich war stolz wie ein Spanier.

Dinge die gut funktionieren sollen, sollte man lieben, "tote" Gegenstände sind letztlich auch von Gott und reagieren somit auf das göttliche in uns, die Liebe. Deshalb kriegen meine Autos auch immer einen Namen.

Ich erzählte Liane, ich sollte mit dem Wagen bald meine erste größere Tour fahren. Liane ging um das Auto herum und wurde wieder zum Sprachrohr. Sie durfte mir sagen, daß mit dem Wagen hinten rechts, was nicht stimmte. Und als wir dann zusammen eine Probefahrt gemacht haben, wurde Ihr ein Bild von einer Bremse gezeigt.

Mir war das vielleicht unangenehm, meine damaligen Chefs hatten das Auto doch gerade erst mit Gebrauchtwagengarantie gekauft. Aber alles Zetern und Meckern half nichts, ich traute mich nicht mehr die Empfehlungen und Warnungen der Engel zu ignorieren.

Also am nächsten Tag rein zum Chef und die Hosen runter. Ich habe ihn gebeten das Auto in einer Werkstatt hinsichtlich der hinteren rechten Bremse doch einmal durchschauen zu lassen. Er willigte irritiert ein und wir brachten den Wagen in die Werkstatt.

Und wieder hatte Liane im Auftrag der Engel recht, die Bremse war defekt.

Es ist gar nicht so einfach damit umzugehen, wenn da jemand ist, und wenn es tausendmal Gottes Sprachrohr ist, die es immer besser weiß. Wenn dann zu allem Überfluß einen diese Anweisungen in Situationen bringen, wo man echt nicht mehr weiß, wie man das anderen Menschen erklären soll.

Kapitel 11 - Lehrstück an Lehrstück, das Leben gleicht einer Schule !

Nun hatte ich also ein Auto. Ich war zwar am Anfang etwas enttäuscht nur so einen lahmen Diesel bekommen zu haben, aber Christine und die Anderen störte das wenig. Meine Frau genoß es von der Arbeit abgeholt zu werden. Mit mir die Freiheit eines fahrbaren Untersatzes zu genießen. All das, was der Grund dafür ist, daß wir Menschen trotz der bekannten Nebenwirkungen, die nicht in der Packungsbeilage stehen, so wild auf das Fahren eines eigenen Autos sind, trafen und treffen auch auf uns zu.

Es begann für uns eine schöne Zeit der Freiheit. Wir konnten besuchen wen wir wollten und wann wir wollten. Egal wie weit weg dieser wohnte. Kurzum uns ging es wunderbar.

In der Firma lief alles super. Ich konnte mich schnell einarbeiten und wurde bei wichtigen Entscheidungen mit einbezogen.

Nur die ständigen Versuche meiner Chefs mich zu dutzen gefielen mir nicht.

Durch das Sprachrohr wurde meine ablehnende Haltung von den Engeln befürwortet und bestätigt. Wir machten uns unsere eigenen Gedanken dazu und vermuteten, daß dies zu meinem Schutz empfohlen worden war. Es war uns klar, daß es viel leichter ist jemanden um Gefälligkeiten zu bitten, wenn man auf der Eben des DU's mit ihm umgehen kann. Es geht ganz allgemein mit der Dutzerei sogar soweit, daß man als junger Mensch von den weit älteren Semestern nicht respektiert und nicht ernst genommen wird. Zurück zu meiner Firma und den Aufgabenstellungen dort. Heute weiß ich, daß alles was ich in der Arbeitswelt erlebte, Schritt für Schritt eine Schulung und Vorbereitung auf immer größere Aufgaben war. Gott und die in seinem Auftrag wirkenden Engel sind wirklich weitsichtige, liebevolle und geduldige Lehrer. Eine wichtige Erfahrung und ein Lehrstück bei meiner ersten Firma war das Sie und der damit verbundene Respekt. Vorausschicken muß ich noch, daß unser Sprachrohr mich anwies ab einem gewissen Zeitpunkt sogar nur noch in Schlips und Kragen zur Arbeit zu gehen. Liane sagt Christine hätte damals sofort protestiert. Sie soll so etwas gesagt haben wie, wer soll denn daß alles bügeln. Aber daran können Christine und ich uns nicht mehr erinnern. Ich nahm solche Anweisungen schon damals sehr ernst und wich davon dann um keinen Millimeter ab. Sogar wenn in der Firma etwas außergewöhnliches wie ein Umzug war, erschien ich mit Krawatte. Ich glaube mein einer Chef hat das als Arbeitsverweigerung mißdeutet. Manchmal bin ich in meiner Gehorsamkeit auch zu weit gegangen. Also das Sie. Meine Chefs fanden gefallen an ihrem ungewöhnlichen fleißigen neuen Mitarbeiter und wollten, aus welchen Motiven heraus auch immer, mich Duzen. Ganz vorsichtig und schleichend versuchten Sie meinen Widerstand zu brechen. Ein mangelndes Interesse an meiner Person konnte ich ihnen nun wirklich nicht zum Vorwurf machen bei dieser Beharrlichkeit. Zum Teil faßte ich auf anraten meines geistigen Beistands diese ständigen Bemühungen auch als ein Kompliment auf. Und eigentlich haben die Engel ja recht. Wenn sich jemand, bei was auch immer, sehr viel Mühe gibt, dann muß demjenigen dies ja auch etwas bedeuten. Mit anderen Worten, bei einem Menschen den man nicht mag gibt man sich bestimmt nicht viel Mühe.
In wirklich allen Gesprächen wurde ganz vorsichtig versucht das Du zu benutzen. Am Anfang begnügte ich mich damit einfach ganz Keck auf anraten der Engel folgende Formulierung bei passenden Gelegenheiten einzubauen. Gern tut Herr Meyer dies. Das ist eine der leichtesten Übungen für Herrn Meyer. Halt so oft wie möglich von mir selber als Herrn Meyer zu sprechen. Meine Chefs störte das gar sehr. Sie hörten einfach nicht auf über meinen Gartenzaun springen zu wollen. In meinen Garten darf aber nur der, dem es erlaubt ist. Mit anderen Worten gesagt. Wir müssen im Umgang mit anderen Menschen unsere Grenze klar und deutlich ziehen. Diese Grenze, die man bildlich auch den Gartenzaun nennen kann ist eine Art persönlicher Bereich in den Niemand eindringen darf. Weder ein Chef noch Eltern oder Freunde. Auch dem Liebespartner müssen im Umgehen Grenzen gesetzt werden. Achtet man nicht auf diese Grenze oder den Gartenzaun kommt ganz bestimmt jemand der das zu seinem eigenen Vorteil ausnutzen wird. Nur Gott, Jesus und die Engel achten diese Grenze von sich aus. Sie werden nie für uns unsere Entscheidungen fällen. Sie werden unsere Entscheidungen auch immer respektieren. Sie würden auch nie etwas sagen was verletzend ist. Kurzum unser freier Wille ist Gott sehr wichtig. Also versuchen Sie wie ich, Ihren Garten frei zu halten.
Ich war mir zwar damals nicht ganz sicher, was diese Anweisung der Engel für einen Sinn hatte. Aber unser Sprachrohr konnte aus Ihrer Lebenserfahrung heraus diese

Empfehlung der Engel gut nachvollziehen. Sie sagte meine Chefs würden weiter versuchen mich zu Duzen, aber der Respekt vor mir würde nach jedem Fehlversuch steigen. Außerdem sollte ich selber entscheiden, ob ich ein Laufbursche sein wollte, den jeder herum kommandieren kann, oder ein ernst zu nehmender Mitarbeiter. Sie sagte erklärend, daß ich so jung keine Karriere machen könnte, wenn ich nicht auffallen würde. Über unser Sprachrohr wurde ich dann auch vorgewarnt, daß meine Chefs irgendwann die Nase voll haben würden und zum direkten Angriff auf das SIE vorgehen würden. Bei der Gelegenheit wußte Liane, dank der göttlichen Eingebungen, sofort was zu tun sei. Ich sollte, wenn mir einer der Chefs das Du anbieten würde einfach sagen, wie geehrt ich mich fühle und wie sehr ich mich über das Angebot freue aber dies nicht möchte. Es kam natürlich wie Prophezeit. Einer meiner Chefs bot mir das Du an. Ich lies mir natürlich meine Aufregung und Angst nicht anmerken und sagte wie besprochen mein Sprüchlein auf.

Ich sagte : Ich freue mich sehr und fühle mich geehrt durch Ihr Angebot, aber meinen Vornamen benutzt eigentlich nur noch meine Frau.

Das ich meinen ganzen Mut aufbringen mußte, daß zu sagen glauben Sie mir doch, oder? Das Gesicht meines Chefs, das gleichzeitig entstehende gute Gefühl im Recht zu sein und gewonnen zu haben, entlohnten mich für die zuvor ausgestandenen Ängste. Meine Chefs haben von diesem Moment an, nie wieder versucht mich zu duzen. Manchmal noch unterschwellig, aber ich brauchte nur in der dritten Person von mir anfangen zu reden und dann hörte es auch gleich wieder auf. Der himmlische Trick dahinter war wie so oft der Grundsatz, mach dein Nein deinem Gegenüber schmackhaft, oder serviere es mit einem Geschenk. Dieser Grundsatz der da lautet >>immer erst geben und dann nehmen<< hilft in allen Lebenslagen. Das Besondere daran oder himmlische für mich ist, daß beide Seiten die Situation aus Ihrer Sicht annehmen können. Ohne das dabei bei einem Groll zurückbleibt. Solches zu verhindern gelingt mit diesen einfache Regeln für das Umgehen mit Menschen immer. Wenn nicht, dann hatte ich dabei irgend etwas falsch gemacht.

Kapitel 12 - Wie Engel mit Menschen umgehen und beim Umgang mit den Mitmenschen hilfreich zur Seite stehen.

Um bei meiner Arbeit zu bleiben, jetzt noch eine Sache, die mir zu Anfang zu schaffen machte. Meine Chefs gingen immer in einer gegenüber liegenden typisch deutschen Kneipe essen. Meine Chefs fragten mich ob ich nicht mitkommen wollte, anstatt immer an meinem trockenem Brot zu knabbern.

Beim ersten mal bezahlte einer der Chefs für alle die Rechnung . Beim nächsten Mal wollte ich dann die Rechnung bezahlen aber das lies mein einer Chef nicht zu. Da er die Wirtin kannte, konnte er sich mit seinem Wunsch für mich mit zu bezahlen über meinen Protest hinweg setzen. Ich fragte um Rat was ich tun solle und erhielt sofort himmlische Antwort. Ich sollte sagen, daß ich mich sehr über die Einladung freue aber immer noch selber für mein leibliches Wohl sorgen könnte. Aus diesem Grund möchte ich meine Rechnung selber zahlen. Wieder gelang es meinem Chef die Rechnung bei der Wirtin komplett zu bezahlen. Da der Rat der Engel nicht den gewünschten Erfolg brachte versuchte ich es auf meine Art. Ich schlich mich beim nächsten mal unter dem Vorwand auf die Toilette zu gehen zum Tresen und bezahlte meinen Teil der Rechnung selbst. Von da an ging ich nur noch mit zum Essen, wenn dies durch einen Geschäftsbesuch begründet war. Ansonsten knabberte ich mit neu erwachtem Vergnügen mein Pausenbrot. Meine Frau sagte irgendwann einmal, daß Sie sich über meine Disziplin sehr gewundert hat. Jeden Abend habe ich regelmäßig ohne Ausnahme mir mein Brot selbst gemacht. Und daß, wo Sie sich sonst immer über meine Faulheit zu beklagen hatte. In diesem Punkte hatte Christine damals mit mir ein hartes Stück Arbeit vor sich gehabt. Ich kam ja wie so viele andere Männer direkt aus dem Hotel Mama in die Beziehung. Auch Liane hat viel helfen müssen, daß unsere Beziehung nicht vor der Ehe an solchen Ursachen zerbricht. Manchmal hatte Christine, wie bereits erwähnt schon den Koffer in der Hand. Denken Sie jetzt nicht ich hätte alle meiner diesbezüglichen Schwächen bereits besiegt. Es ist mir bis heute nicht gelungen, daß zu unserer Beziehung beizutragen was Christine von Ihrem Dual erwarten kann, aber mit Gottes Hilfe arbeite ich daran.

Mir hat dieser Tip mit dem SIE über viele schwierige Situationen hinweggeholfen. Darum bitte ich die jüngeren Leser, die Sie gerade ins Berufsleben einsteigen, lassen Sie sich nicht von den älteren erfahreneren Brüdern und Schwestern auf die Du Ebene zwingen. Sie wollen sich doch nicht hinterher benutzt, nicht für voll genommen, oder gar wie der letzte Hilfswichtel, kurz Hiwi behandelt fühlen. Wir alle sind etwas besonderes und gleich viel wert, egal ob wir etwas früher oder später auf diese Welt geboren wurden.

Als diese erste Schwierigkeit umschifft war, wurde mir die zunehmende Freundlichkeit eines der beiden Chefs unangenehm. Ich fühlte mich bedrängt und in seiner Nähe unerklärlich unwohl. Ich beklagte mich darüber bei Liane und diese erklärte mir, daß es eben Männer gebe, die ganz besonders nett zu anderen Männern wären. Ich bekam die Anweisungen mir nie etwas ausgeben zu lassen und wenn noch mal jemand in mein Büro kommt sofort auf zu stehen und zu fragen was ich für die betreffende Person tun könnte. Ich befolgte den Rat und fortan konnte mir keiner mehr zum Beispiel symbolisch seine Willen durch massieren des Nackens aufzwingen.

Kapitel 13 - Vertrauen in Gott muß wachsen, auf die eine oder andere Art.

Kommen wir nun zu einer anderen Schulung seitens der Engel, durch die ich durch mußte. Vielleicht darf ich vorab noch erwähnen, daß ich mich bei meinem Sprachrohr darüber beklagte, daß ich bei meinem Auto an einem Reifen ständig Luft nachfüllen mußte. Prompt bekam ich die Information, ich müßte nur das Ventil austauschen lassen. Damals war ich mir immer noch nicht ganz sicher, ob diese Information wirklich von den Engeln kam. Aber was soll ich Ihnen sagen, nachdem ich auf der Tankstelle ein neues Ventil eingesetzt bekam, hielt der Reifen die Luft. Nun sollte jeder an meiner Stelle zu der Erkenntnis gekommen sein, daß ich besonderen Schutz genieße. Nicht so bei mir. Ich ließ mich immer noch viel zu schnell von meinen eigenen Gedanken verunsichern.

So fuhr ich zum Beispiel nach München zur Messe und hatte einiges an Material im Auto. Im Hotel überfiel mich dann die Sorge, daß Auto könnte aufgebrochen werden.

Ich also schnurstracks zur Rezeption und eine Garage gemietet. Beim Einfahren blieb ich dann mit dem linken hinteren Kotflügel an einem Vorsprung hängen.

Zu der Zeit war ich erst einmal auf die Engel böse, weil die das ja hätten verhindern können. Das ich durch meine Zweifel mich von den Engeln selbst getrennt habe und dadurch das Unglück herauf beschworen habe, ist mir erst viel später klar geworden. Die Engel sind immer für uns da. Ganz sicher. Nur, wie dicht Sie an uns heran können, um zu helfen, bestimmen wir mit unserem Handeln und Denken selbst.

Bei dieser Gelegenheit durfte ich dann auch noch eine weitere Sache lernen. Nämlich das geistige Gesetz vom Erkennen und Bekennen. Ich erzählte meinem Sprachrohr, was vorgefallen war. Ich erhielt die Empfehlung, die Sache meinem Chef zu berichten und es dann ihm zu überlassen was weiter geschehen soll. Das schmeckte mir gar nicht und mich beschlich ein ängstliches Gefühl. Ich konnte die Ganze Nacht nicht schlafen. Also ging ich dann voller Angst und mit dem festen Vorsatz mich zu bekennen und bereit für die Folgen meines Fehlers gerade zu stehen in das Büro meines Chefs. Ich erklärte was mir passiert war und wie unangenehm mir das war. Zu meiner freudigen Überraschung bekam ich nur folgendes zu hören: Herr Meyer, wenn Sie den Wagen das nächste mal in die Werkstatt bringen, lassen sie das doch gleich mit in Ordnung bringen. Puh, und dafür hatte ich nun die ganze Nacht kein Auge zugetan. Die Engel behielten mal wieder Recht. Wer sich zu seinen Fehlern bekennt und ehrliches Bedauern zeigt, wird von seinem Gegenüber zumeist Wohlwollen und Verständnis ernten.

Nun kann man eigentlich annehmen ich hätte diese Lektion gelernt, beileibe nicht und mit Nichten. Bis so etwas wie die Regel „erkennen und dann bekennen" in Fleisch und Blut übergehen kann, langt nicht bei jedem ein einziges Lehrstück. Für mich ergab sich schon bald die Gelegenheit zu beweisen, ob ich das Prinzip begriffen hatte.

So fuhr ich eines schönen Tages zu einem Entwickler der Firma. Dort angekommen lenkte ich spritzig dynamisch den Firmenwagen in eine schräge Parklücke. Und was soll ich Ihnen sagen, da tritt mir doch glatt ein Baum in die rechte hintere Seitentür. Bums, da saß ich nun. Ich hatte wieder eine Beule im Auto und wurde mit den aufkommenden Sorgen um das liebe Geld nicht fertig. Ich überlegte hin und her, aber mir fiel keine Lösung ein.

Lianes Mann Heinz war sofort bereit mir beim Ausbeulen der Tür zu helfen. Nur leider hatte ich hinterher, viele kleine anstatt einer großen Beule in der Tür. Anstatt schon zuvor mich des Gesetzes von erkennen und bekennen zu erinnern, versuchte ich die ganze Sache auch noch zu vertuschen.

Es dauerte auch gar nicht lange, obwohl ich mir sehr viel Mühe gegeben habe das Auto immer so zu parken, daß man die kaputte Seite nicht sehen konnte, bis einer der Chefs den Schaden bemerkte. Man stellte mich zur Rede und ich versuchte die Angelegenheit herunter zu spielen, was mir auch recht gut gelungen war. Nur den Verlust an Ansehen bei meinen Chefs, konnte ich fast körperlich fühlen.

Dieser Fall gibt mir die Gelegenheit auf eine ganz wichtige Regel im Umgang mit den Engeln hinzuweisen und diese zu erklären. Wenn Sie denken, Sie hätten eine geistige Lektion verstanden und sind sich sicher auch danach handeln und denken zu könne, dann werden Ihnen die Engel so bald als möglich bestimmt die Gelegenheit geben dies auch unter Beweis zu stellen. Also dann, Augen auf und auf die passende Gelegenheit gewartet. Wachet und betet um es noch deutlicher zu sagen.

Also in dieser Sache war ich nun mit Pauken und Trompeten durch gefallen. Das bedeutete für mich, daß ich damit rechnen mußte erneut von den Engeln geprüft zu werden, bis ich die Lektion gelernt hatte.

Kapitel 14 - Seid fleißig und mehret euer Wissen.

Während meines ersten Jahres bei der Firma A. setzten wir unsere Studien fort. Wir lasen noch mehr esoterische Bücher. Ganz besonders beeindruckt haben uns, wie bereits erwähnt, die Bücher aus dem ABZ Verlag. Der heute nicht mehr lieferbare Titel Geborgenheit und das Buch Woher Wohin. Die in diesem Buch veröffentlichten Durchgaben und Erlebnisberichte Verstorbener weckten in uns und ganz besonders in mir das Bedürfnis mehr darüber zu erfahren. Von Liane erfuhr ich, daß es da einmal drei Weiße Bücher gab, die Sie bei Ihrer Frau U. gesehen hatte. Sie hatte diese lesen können, aber leider war Frau U. nicht sehr darauf bedacht diese geistigen Schätze zu hüten. Könnte mir nie passieren Bücher zu verleihen und mich dann nicht darum zu kümmern, daß die Bücher wieder nach Hause kommen. Zwar hatte Frau U. schon versucht diese Bücher noch mal käuflich zu erwerben. Es war aber zu der fraglichen Zeit nicht möglich von diesem Verlag wegen laufender Urheber - Rechtsstreitigkeiten Bücher zu bekommen.

Da ich selbst aber während meiner Schulzeit in einer Buchhandlung gearbeitet hatte, war ich mir ganz sicher die Bücher besorgen zu können. Doch auch ich konnte über den Buchhandel nicht an die Bücher herankommen . Mir blieb nichts anderes übrig als an den Verlag zu schreiben. Bei dieser Gelegenheit fragte ich auch gleich danach, ob es noch den Freundeskreis in Hamburg gab, von dem ich gehört hatte.

Es dauerte gar nicht lange und es kam ein Paket mit den drei weißen Büchern. Ich habe diese Bücher förmlich verschlungen. Als diese Bücher dann in unserem kleineren Kreis rum gingen bemerkte Liane, daß es mit mir und diesen Büchern noch etwas Besonderes auf sich hat. Dieser junge Mann, dem es als ersten wieder gelungen war diese Bücher zu bekommen, war dies nicht zufällig gelungen, oder dieser hatte nicht nur zufällig den richtigen Zeitpunkt zu fassen bekommen. Nein, dieser junge Mann war namentlich in dem Buchtitel sogar enthalten. Das wäre mir zwar nie aufgefallen, aber Liane schon. Sie war ja damals bereits schon wesentlich offener für die Einflüsterungen der Engelswelt. Der Buchtitel der in goldenen Lettern auf dem Buchdeckel zu lesen steht „ BOTSCHAFTEN AUS DEM JENSEITS" beinhaltet meinen Vornamen JENS. Diese Entdeckung hatte mich sehr gefreut und ließ in mir die Hoffnung und den Wunsch stärker werden in irgendeiner Hinsicht für das Jenseits, also für Gott von Bedeutung zu sein.

Mit den Büchern erhielten wir auch einen Brief in dem uns der Name und die Adresse des Ansprechpartners der Hamburger Gruppe genannt wurde. Erklärend sei noch bemerkt, daß der Verlag ABZ ausschließlich gegründet worden war, um für die Geistige Loge Zürich Bücher und Zeitschriften zu vermarkten. Wir nahmen alsbald Kontakt zu der Gruppe auf und wurden von einem Herrn P. zu einem Nachmittagsplausch eingeladen. Die von der Gruppe regelmäßig veranstalteten Treffen, bei denen Tonbandaufzeichnungen von den Veranstaltungen in Zürich wieder gegeben wurden, fanden wegen der Sommerpause gerade nicht statt. Aus diesem Grund kam es zur ersten

Begegnung mit der Gruppe oder zumindest einem Mitglied der Gruppe in privater Umgebung. Wir unterhielten uns über unseren Weg, unser Erfahrungen, über die Loge und über Glauben. Es war trotz der privaten Atmosphäre eine für mich völlig neue Situation. Ich hatte damals wie heute doch manche Schwierigkeiten mit weitaus älteren Brüdern und Schwestern offene Gespräche zu führen. Ich fühlte mich damals, wie heute manchmal auch noch, eigentlich immer etwas befangen oder gehemmt. So richtig erklären kann ich es aber nicht. Ich versuch es aber doch noch einmal. Sagen wir mal so. Einige Verhaltensweisen die ältere Mitmenschen so an den Tag legen berühren mich in der Art, daß mir das ganze peinlich ist. Für diese Menschen ist dieses Verhalten vielleicht ganz normal und alltäglich. Für mich aber halt nicht. Zum damaligen Zeitpunkt zum Beispiel hätte ich mich nie getraut vor Leuten, die ich das erste Mal bei mir zu Gast hatte, anzufangen zu singen. Auch wenn eine Dame dazugeladen war, die ganz passabel Klavier spielen konnte. Och Gott, war mir das peinlich.

Wie auch immer, wir erhielten den Veranstaltungsplan und besuchten nach der Sommerpause die Veranstaltungen der Loge regelmäßig. Wenn ich jetzt schon wieder Loge geschrieben habe, so ist das heute verkehrt. Nach Urheberrechtsstreitigkeiten hatte sich die Loge Zürich in Pro Beatrice umbenannt. Frei nach dem Motto, wo viel Licht da ist auch viel Schatten. Auch an der Loge Zürich gingen die für uns alle regelmäßig auftretenden Schwierigkeiten des Lebens, besonders mit Menschen deren einziger Gott das Geld und die Macht sind, nicht vorbei.

Ich nenne solche Schwierigkeiten mittlerweile Prüfungen. Auch dort, wie in so vielen Organisationen zuvor treten Menschen auf den Plan, die Ihre eigenen Vorstellungen haben. Ob diese Vorstellungen dann göttliche Inspiration oder egoistisches Menschenwerk ist läßt sich nicht so einfach voneinander trennen. In dem Fall der Loge führte es dazu, daß man in allem sehr vorsichtig wurde. Man versucht sich dort jetzt nur noch auf das zu konzentrieren was der Auftrag war und ist.

Das diese Konzentration auch gewisse Einschränkungen mit sich bringt dazu später mehr.

Ich war von den Vorträgen begeistert und freute mich immer wieder darauf. Unser Sprachrohr Liane und Karin, die wir einmal mitgenommen hatten, konnten sich zwar inhaltlich für das gehörte begeistern, nicht aber für die äußere Form. Den beiden Damen war alles viel zu steif, die Zeit des konzentrierten still Sitzens viel zu lang und zu unbequem. Was Ihnen wirklich abging, war eine Möglichkeit die gehörten Dinge hinterher mit den Verantwortlichen besprechen zu können. Dies wurde noch in der Zeit, als Christine und ich die Veranstaltungen besuchten verändert. Man traf sich ab einem gewissen Zeitpunkt regelmäßig im Anschluß an die Veranstaltung zum Meinungsaustausch und freundschaftlichen Beisammensein. Auf unsere Frage, warum daß nicht bereits viel früher so gelaufen ist, erklärte man uns: Daß man erst jetzt, durch die neuen gemieteten Räume die Zeit dazu hätte sich um die Teilnehmer zu kümmern. Denn in den neuen Räumlichkeiten hätte man den ganzen anschließenden Abend Zeit abzubauen.

Wir hielten uns bei diesen Gesprächen zurück, zumindest was unser Sprachrohr anging, da wir schnell erkannten, daß man dort anderen Medien, außer dem eigenen, recht skeptisch gegenüberstand. Liane unser Medium fühlte sich bei dem einen Mal, bei dem Sie dabei war, auch nicht dazu aufgerufen an der Arbeit dort teil zu nehmen. Zumal das lange still sitzen auf harten einfachen Stühlen nicht Ihr Fall war.

Eines der Bücher welches wir nach wie vor für empfehlenswert halten wurde zum Beispiel von den Organisatoren der Veranstaltungen der Pro Beatrice abgelehnt. Mit der Begründung, daß in diesem Buch trotz schriftlicher Zurechtweisung durch die Pro Beatrice wieder in den neueren Auflagen (Greber Verkehr mit der geister Welt Gottes) steht, daß Christus ein männliches Geistwesen wäre und eine Dualpartnerin hätte. Das stimmt, daß das falsch ist. Nur meiner Auffassung nach ist eher maßgebend und entscheidend wieviel ein Buch an Wahrheit noch zu bieten hat.

Auch ich habe anfänglich irrige Meinungen und Überzeugungen gehabt. Es war bestimmt manches mal nicht leicht für unser Sprachrohr diese falschen Auffassungen zu widerlegen. Sie half mir diese zu löschen und durch bessere, wahrere zu ersetzen.

Wenn man erst einmal akzeptiert hat, daß keine unserer Handlungen und Gedanken unbemerkt bleibt und sogar von uns selbst aufgezeichnet wird. Ja dann sollte einem auch klar werden, daß uns geholfen werden kann und auch wird. Mir wurde diese Hilfe und Überwachung immer bewußter. Zuerst durch die Bücher die ich fand. Gut, ich stöberte zwar öfter in esoterischen Buchhandlungen herum. Oder in jedem Kaufhaus oder jeder normalen Buchhandlung suchte ich nach der esoterischen Ecke. Die Bücher, die mir dort ab und an in die Hände gespielt wurden, waren immer gerade passend für meinen augenblicklichen Entwicklungsstand. Manchmal sogar hatte ich wieder dieses Gefühl, als wenn mir jemand kalt in den Nacken blies. Wenn ich dann gerade ein Buch in der Hand hatte, wußte ich, daß mein Schutzengel wollte, daß ich diese Buch kaufe. Hinterher stellte sich dann immer heraus, daß diese Bücher etwas ganz besonderes waren.

Ich weiß ganz sicher, daß ich alleine durch mein Interesse an solchen Büchern meinen geistigen Betreuern das Signal gab, jetzt bereit zu sein mich mit geistigen Themen zu beschäftigen. Bereits vor 2000 Jahren hat uns Jesus versprochen „ Suchet ‚so werdet Ihr finden. Klopfet an, so wird euch aufgetan". Das damals versprochene, fasse ich heute viel praktischer auf. Bekam ich zum Beispiel ein Buch zu lesen, indem eine Postkarte lag , über die man Bücher nachbestellen konnte, so war es mir ein echtes Bedürfnis dort auch eines der Bücher zu bestellen. Als ich dann die Bücher erhielt, war gleich ein Prospekt dabei. In diesem Prospekt fand ich dann noch andere Buchtitel, die anhand der Beschreibung in mir das Gefühl weckten, für mich wichtig zu sein. Auf die Art bekam ich wieder einmal weiße Bücher und ein dazu gehörendes Buch die Dritte Zeit aus dem Leuchter Verlag. Diese Bücher hatten genauso wie die weißen Bücher aus der Loge in Zürich mediale Durchgaben von Drüben zum Inhalt. Kann sein, daß Sie jetzt sagen das ist doch nichts besonderes. Aber, betrachten Sie doch einmal folgendes. Buchhändler haben kein Interesse daran, daß in Ihren Büchern Bestellkarten vom Verlag enthalten sind. Nein, die Buchhändler schütteln die Bücher, um diese Karten zu finden und heraus zu nehmen. Gerade bei meinem Buch wurde diese Karte, wie zufällig übersehen. Als ich in einer Buchhandlung gearbeitet habe, mußte ich die neu angelieferten Bücher immer auf solche Karten hin durchflöhen.

Auch helfen einem die Engel manchmal auf Umwegen. Ich hatte zum Beispiel bei den Gesprächen nach den Veranstaltungen der Loge allen erzählt wie besonders gut mir das Buch Geborgenheit von Prof. Hinze erschienen im ABZ Verlag gefallen hat. Wie sehr ich es bedauerte, daß dieses Buch nicht mehr lieferbar ist. Die immer anwesenden Engel haben meinen Wunsch gehört und die Mutter einer der Freunde dort benutzt um mir diese Buch zukommen zu lassen. Denn eines Tages wurde mir diese Buch mit den

Worten überreicht. Schauen Sie mal Herr Meyer, was meine Mutter auf dem Flohmarkt gefunden hat. Ich habe gleich an Sie gedacht und möchte Ihnen dieses Buch schenken. Engel können Wunder einleiten, da kann man nur noch staunen und immer dankbarer werden. Sie, die Engel, sind so lieb mit und zu uns, man muß Sie nur lassen. Es macht unseren Freunden im Jenseits bestimmt auch einen riesen Spaß uns eine Freude zu machen. Besonders, wenn wir es auch noch bemerken. Also immer schön die Augen auf, bemerken und artig bedanken. Wer dankbar ist, ist zufriedener, ist glücklich und offener für Gott.

Wir besuchten also diese Veranstaltungen der Pro Beatrice und beteiligten uns vorsichtig an den Gesprächen. Wir hätten auch so gerne mal einen Vortrag auf Video gesehen, aber leider werden Videos von den Vorträgen, von der sich bereits mittlerweile im Jenseits aufhaltenden Beatrice Brunner, nur noch in Zürich gezeigt. Na ja, und wer hat schon das Geld nach Zürich zu reisen. Für mich, aber das ist meine ganz persönliche Meinung, sind die Jünger von Jesus in die Welt gezogen um die Wahrheit zu verkünden und haben sich nicht in Jerusalem in ein Haus gesetzt und erwartet, daß die Suchenden von überall her zu Ihnen kommen. Wenn ich mich nicht irre, steht sogar noch etwas davon in der Bibel, daß diese aufgefordert wurden, hinaus zu gehen und die Wahrheit zu den Menschen zu bringen.
Wie dem auch sei, Christine und ich hatten vor, meinen ersten Jahresurlaub dazu zu nutzen viel zu sehen. Wir wollten aber auch in Zürich einmal vorsprechen bei „Pro Beatrice".
Um es vorweg zu nehmen, wir sind nach Zürich gefahren und ich habe nach viertelstündigen lockeren hin und her fahrens in der Großstadt Zürich zum Verlag und zu „Pro Beatrice" gefunden. Ich hatte zwar noch auf einer Tankstelle gehalten um einen Stadtplan zu kaufen, aber dort gab es keinen. Der Tankwart fragte mich, wo ich denn überhaupt hin wolle. Ich sagte zum Letzigraben. Daraufhin sagte der Tankwart, da brauchen Sie nur noch zweimal rechts abbiegen und dann sind Sie im Letzigraben. Danke Fahr- oder Schutzengel für die sanfte Hinlenkung zu unserem Ziel. Trotz der liebevollen Führung der Engel blieb uns die Enttäuschung nicht erspart nur die Urlaubs-Notbesetzung vor zu finden. Es fanden auch keine Veranstaltungen statt. So zogen wir enttäuscht wieder von dannen und hatte weder einen Video Vortrag noch das Medium gesehen.
So ein halbes Jahr bevor Christine und ich diese erste gemeinsame Urlaubsreise antraten, kam ein Verwandter aus Augsburg uns besuchen. Ich hatte von diesem Andreas schon viel Nettes gehört. Ich stellte fest, daß ich diesen Andreas wirklich gut leiden konnte. So ein Typ Mann, den man gerne um sich haben kann und mit dem man wirklich gerne befreundet sein würde. Einfach ein pfunds Kerl.
Ich erzählte unserem Sprachrohr von dem Besuch und bekam gleich einen Dämpfer. Sie sagte zu mir, bitte häng nicht dein Herz an diesen Mann, der wird nicht mehr lange leben. Ich war etwas geschockt, verstand aber, daß mir das nur mitgeteilt wurde um mir unnötiges Leid zu ersparen. Auch als wir in der ersten Woche unserer Urlaubsreise Andreas besuchen wollten erinnerte mich Liane noch einmal an die Warnung. Ich muß dazu noch erklären, daß dieser Andreas wegen einer nicht rechtzeitig erkannten und behandelten Erkrankung ein geschwächtes Herz hatte. Man hatte Ihm bereits sogar eine Herzklappe einbauen müssen. Allen Warnungen zum trotz mochte ich diesen Andreas nach unserem Besuch noch mehr. Wir hatten Ihm gegenüber sogar bei einer passenden

Gelegenheit unseren Glauben und unsere Überzeugungen erklärt. Als er daraufhin nicht versuchte uns das Auszureden oder als Spinnerei abzutun, habe ich ihm sogar aus einem unserer Bücher etwas vorgelesen. Es war mir ganz wichtig ihm, der er schon bald drüben sein würde, etwas Wissen über Drüben mit auf den Weg zu geben. Bedauerlicherweise trat auch ein, was prophezeit war. Ein halbes Jahr nach unserem Besuch verstarb Andreas.

Ich war zwar vorgewarnt aber trotzdem tief betroffen und bestürzt. Andreas wünschte ich alles Güte und hoffe immer noch ihn irgendwann einmal wiedersehen zu können. Natürlich wollte ich auch zu gerne wissen was er jetzt drüben macht. Kaum hatte ich diesen Wunsch formuliert, schon hatte ich wenige Tage später eine Begegnung mit Andreas im Traum. Er fuhr mit mir mit einem Sessellift in Schwindel erregende Höhen. Wir deuteten den Traum als eine wirkliche Begegnung im Jenseits. Und die Begleitumstände deuteten aus meiner Sicht darauf hin, daß er damals eine besondere Aufgabe im Jenseits hatte.

Zum Thema Traum fällt mir auch noch ein ganz Besonderer ein. In diesem Traum hörte ich bei einem Spaziergang durch einen mir bekannten Wald ganz deutlich mein damaliges klassisches Lieblingsstück. Per Gynt von E. Grieg. Diese wahrhaft himmlische Musik im Traum zu hören, ist schon etwas außergewöhnliches. Hinzu kam aber noch, daß zwei große Wesen auf prächtigen Pferden in einem gewissen Abstand mir folgten. Ich hatte keine Angst und fühlte mich wohlwollend beobachtet.

Lianes Erklärung, mir wären Gott und Jesus sein Sohn in diesem Traum gefolgt, widersprach meiner eigenen Einschätzung meiner Wichtigkeit für Gott und Jesus. Sie sagte, Ihr zeige der Traum ganz deutlich, daß ich bei meinem weiteren Entwicklungsweg von höchster Stelle beobachtet werden würde.

Kapitel 15 - Alles dient der Weiterentwicklung.

Unser erster gemeinsamer Urlaub der so schön begann, diente im Nachhinein betrachtet, auch dazu, uns von einigen Träumen zu verabschieden. Die Enttäuschung in Zürich war, so scheint es heute, von den Engeln gewollt. Sie zerstörte meinen Traum von einer Mitarbeit und Rolle in dieser Gemeinschaft. Die Engel wußten bestimmt damals schon, was man mit uns alles noch vorhatte und hatten anscheinend kein Interesse daran, mich in einer Gemeinschaft eingebunden und den Regeln und Glaubensinhalten dort untergeordnet zu sehen. Je mehr ich darüber nachdenke, desto sicherer bin ich mir, daß die Trennung von der Loge gewollt war. Denn die Zeit scheint nicht nur für mich, sondern für viele Reif zu sein, von Ihrem geistigen Führer aus dem Jenseits direkt geführt zu werden. Was natürlich den unschätzbaren Vorteil hat nicht mehr dem Risiko ausgesetzt zu sein, einem Scharlatan oder egoistischen nach Macht hungernden Menschen auf zu sitzen. Denn die Geistführer aus Gottes Reich haben keine eigennützigen Interessen. Nein, Ihr Beweggrund ist helfen zu wollen, zu lieben und Gott und seinem Sohn zu dienen.
Ich möchte eines aber ganz deutlich herausstellen, Die Veröffentlichungen der geistigen Loge Zürich oder Pro Beatrice sind nach wie vor sehr empfehlenswert. Sie werden dort sehr viel über das Jenseits, über die Engel und den Grund unserer Existenz erfahren können. Nur bitte bleiben Sie immer offen für andere Quellen: Bücher, andere Menschen und ganz besonders für Ihre eigene innere geistige Führung.
Am Ende unseres ersten Urlaubs, den wir zum Teil in Südfrankreich verbrachten fanden wir ein kleines Hotel, daß wir viel früher verlassen mußten als wir eigentlich vorgehabt hatten. Der Grund dafür war eine eiternde Entzündung an einem von Christines Lauschern (Ohren). Christine hatte Angst und wollte sich nicht in Frankreich von einem Arzt behandeln lassen. Weder Christine noch ich sprachen ein einziges Wort Französisch. Christine wollte unbedingt nach Deutschland und dort zu einem deutschen Arzt. Wir kamen nach einer recht kostspieligen Reise über französische Autobahnen in der Nähe vom Schwarzwald nach Deutschland herein. Dort nahmen wir uns ein Einzelzimmer mit Notbett von unserem letzten Geld. Von dem Leiter des Hotels wurden wir überaus freundlich willkommen geheißen, als dieser erfuhr daß wir aus seiner Geburtsstadt Hamburg kamen. Er bat uns beim Abschied sogar stellvertretend für Ihn in die Elbe und Alster zu spucken. Als wir unser Zimmer bezogen hatte riefen wir als erstes Liane an. Aber anstatt freundliche Worte der Begrüßung zu hören, wurde uns sehr verärgert mitgeteilt, wie sehr man um uns in Sorge war. Wir mußten zu unserer eigenen Schande gestehen, daß wir während der vergangenen drei Wochen nichts von uns haben hören lassen. Wir haben uns entschuldigt und versucht die Wogen zu glätten. Nach dem Gespräch saßen Christine und ich, wie zwei begossene Pudel nebeneinander. Bis mein betrübter Blick auf den Teppich zu meinen Füßen viel. Dort war ganz deutlich ein frischer Blutstropfen zu sehen. Dieser Blutstropfen war so frisch, daß dieser noch nicht einmal in den Teppich eingedrungen war. Wir überprüften uns gegenseitig aber an keinem von uns war eine Spur von Verletzung zu sehen. Auch keinen Hinweis auf Nasenbluten, über die sowieso keiner von uns jemals einen Grund hatte zu klagen. Ich rief ziemlich verwirrt Liane an und berichtete von unserem merkwürdigen Fund. Liane wußte sofort Bescheid und frage uns, ob wir uns das nicht selber erklären könnten. Ich vermutete unsere Engel hinter diesem himmlischen Spuk. Liane bestätigte, daß sie ganz sicher sei vom Bauch her, daß wir unsere erste Dematerialisation und Materialisation

erlebt hätte. Dies sei ihrer Meinung nach ein Zeichen um uns deutlich zu machen, wie sehr (bildlich) die Herzen dieser beiden Mütter, Liane und Karin, geblutet hätten. Deutlicher konnten die Engel nicht an unsere schlechten Gewissen appellieren, als wie auf die gewählte Weise. Ich war zwar betrübt und schämte mich genauso wie Christine für unsere Herzlosigkeit, konnte aber doch nicht das Gefühl der Freude und Begeisterung für das soeben erlebte unterdrücken. Wir beeilten uns natürlich nun erst recht wieder nach Hause zu kommen. Was war das für ein Gefühl wieder zu Hause zu sein und endlich wieder im eigenen Bett zu schlafen, himmlisch.

Kapitel 16 - Steter Tropfen höhlt den Stein. Engel lieben Versöhnungen.

Irgendwann so ungefähr Mitte 1989 rief meine Mutter an. Ich war sehr überrascht und ein wenig nervös, obwohl ich durch den seltsamen Traum mit meiner Mutter, von dem ich in bereits erzählt habe, vorgewarnt und vorbereitet war. Meine Mutter wußte auch nicht so recht, was sie sagen sollte. Nach einer kurzen zaghaften Konversation schlug meine Mutter ein Treffen auf neutralem Boden vor.
Dies lehnte ich ab mit dem Argument, daß ich keinen neutralen Boden brauchen würde. Für mich wäre die Wohnung meiner Eltern, oder die Meinige neutral genug.
So fuhren Christine und ich zu meinen Eltern. Wir unterhielten uns nach anfänglichem Zögern nett und klammerten tunlichst die Phase der Trennung aus. Meine Mutter hatte dies, als Voraussetzung für eine Begegnung in unserem ersten Telefonat gefordert. Meine Mutter wußte, wie immer schon, viel über die Nachbarschaft zu erzählen. Über Ihre Brüder und Ihre Schwester, mit denen Sie zum Teil schon seit des Verlassens Ihres Elternhauses nichts mehr hatte zu tun haben wollen. Diese Verwandtschaft, um die ich meine Spielkameraden, in der Kindheit immer beneidet hatte. Meine Geburtstage waren aus diesem Grund oft recht einsam gewesen.
Alles in allem ein hoffnungsvoller Neubeginn. Christine freute sich besonders, da sie nun endlich die lange gewünschte Schwiegermutter hatte. Christine hatte bei Ihrem ersten Mann keinen Kontakt zu den Schwiegereltern haben können. So genoß sie es das Ihr Wunsch in Erfüllung gegangen war.
Bei einem der nächsten Besuche ließen wir meine Eltern auch nicht mehr darüber im Unklaren, daß Christine und ich zum Glauben gefunden hatten. Auch woran wir glaubten und daß unser Glaubensweg ohne konfessionelle Bindung ist.
Heute vermute ich, müssen mich damals meine Eltern für verrückt gehalten haben, aber das war und ist ihr Problem. Bei diesen ersten Gesprächen hatten wir den Eindruck, es würde meine Eltern zum Nachdenken anregen, wie wir über das Leben dachten und wie wir im Alltag handelten.
Aber ich glaube, da haben wir uns unsere Enttäuschung schon selbst bereitet. Wer Erwartungen hat, muß eben damit rechnen enttäuscht zu werden. *Ganz direkt gesagt: Wer Erwartungen hat, programmiert oder bereitet sich seine Enttäuschungen selbst.*
Als meine Eltern nun endlich unserer oft ausgesprochenen Einladung, uns doch auch mal zu besuchen folgten muß die Überraschung für meine Eltern groß gewesen sein. Denn die Lebensumstände in denen Christine und ich lebten waren und sind besser, als man es bei unserer finanziellen Situation vermuten würde. Ein gepflegtes Zuhause mit einer

stilvollen Ausstattung war Christine und mir immer mehr ein Bedürfnis, als z. B. jedes Jahr in Urlaub zu fahren. Manches mal, wenn wir neuen Besuch gehabt hatten, und man uns wegen unserer Wohnungseinrichtung bestaunte, habe ich hinterher zu Christine gesagt: Bald hänge ich an jedes Möbelstück einen Zettel auf dem dann steht welchen Jahresurlaub wir dafür nicht angetreten haben.

Bei einem weiteren Besuch meiner Eltern in unserer Wohnung, wurden dann wir überrascht. Meine Eltern brachten meinen kleinen Bruder und dazu noch einen riesigen Fernseher mit. So zu sagen als nachträgliches Hochzeitsgeschenk. Christine und ich haben uns sehr gefreut und waren voll der Hoffnung, daß nun wirklich die Vergangenheit vorüber sei und Christine als Schwiegertochter von meinen Eltern akzeptiert worden sei.

Es gab für Christine in der folgenden Zeit ab und an Gelegenheiten ihre Schwiegermutter zu bewundern. Das bewunderte Stricken ließ sich Christine von meiner Mutter zum Beispiel zeigen und sogar beibringen.

Kapitel 17 - Wandeln auf Gottes Wegen bringt oft nicht sofort sichtbaren Segen.

Um wieder zurück zu kommen zu dem Ablauf der Ereignisse kommt jetzt die Geschichte mit dem Umzug der Firma für die ich gerade arbeitete. Es mehrten sich eines Tages die Zeichen dafür, daß unsere Firma um sich zu vergrößern und Fördergelder zu bekommen nach Rendsburg umziehen müßte. Mit unserem Sprachrohr waren wir uns darüber einig, daß dies ein Fehler sein würde! Aber was konnte ich dagegen tun. Ich versuchte ganz vorsichtig meinen Chefs meine Sichtweise der Dinge darzulegen, oder besser die Sichtweise der Engel und somit Gottes Sichtweise.

Das all daß wirklich auch von Gott gesteuert war und unter seiner Überwachung stand konnte ich mir zum damaligen Zeitpunkt nicht vorstellen. Mein Respekt und meine Ehrfurcht vor Gott waren so groß geworden, daß Er dadurch für mich unerreichbar weit weg erschien. Dieser Eindruck und dieses falsche Denken über Gott wurde damals auch, und das muß ganz deutlich gesagt werden, von den Mitarbeitern der Pro Beatrice gefördert und unbeabsichtigt gestärkt. Liane unser Sprachrohr, die Gott im Bauch hat wie die Uppi einmal so treffend bemerkt hatte, spürte zuerst diese künstliche Distanz zu Gott in den Schriften der Pro Beatrice. Er wird dort als ein so unerreichbares Wesen dargestellt, daß man sich dabei immer mehr klein und unbedeutend vorkommt. Aber dem ist nicht so, wir sind IHM wichtig. Jeder ist IHM wichtig. Sie werden im weiteren Verlauf des Buches erkennen können, daß Gott sich für jeden interessiert. Wenn man IHM dann auch noch Gelegenheiten gibt durch einen selbst hindurch Wunder zu vollbringen. Ja dann weiß man, wie sehr er seine Kinder liebt und das er einem ganz nahe ist.

Über unser Sprachrohr bekamen wir sogar ein Bild von einem Firmengebäude zu sehen und waren der Meinung dies hieße zwangsläufig, daß die Firma nicht nach Rendsburg gehen sollte. Wir hatten uns sogar bereits einen passenderen Ort für den neuen Standort der Firma ausgeguckt. Auch unser Plan, meinen Chef einmal bei passender Gelegenheit dorthin zu lotsen fand keine Erfüllung. Somit zog ich, ehe ich mich an den Gedanken gewöhnt hatte, mit der Firma nach Rendsburg. Mensch war das eine furchtbare Fahrerei. Morgen für Morgen, Abend für Abend mindestes eine dreiviertel Stunde Autobahn, entsetzlich. Hinzu kam für mich, daß meine Chefs bereits nach wenigen Tagen in Rendsburg andeuteten, daß sie mir den Firmenwagen nicht mehr länger auch privat zur Verfügung stellen wollten. Ich war zwar verärgert, mußte mich aber fügen. Bei meiner Lehrerin beklagte ich mich bitterlich. Nicht nur, daß meine Chefs unbedingt nach Rendsburg umziehen mußten. Mit dem fehlenden Firmenwagen stand ich vor einem für mich echten Problem. Um meiner Sorge um das Auskommen mit dem Einkommen noch einen drauf zusetzen beschrieb mir unser Sprachrohr ein geistiges Bild von einem weißen Mercedes Benz. Dazu sagte sie dann begleitend. Ich glaube, wenn ich das Bild richtig deute, ist es für dich an der Zeit dir ein eigenes Auto zu kaufen. Ich erwiderte spontan, wovon soll ich das denn bezahlen. Ich hab doch gar keine Ersparnisse, und dann auch noch einen Mercedes. Warum nicht gleich einen Rolls Royce. Als dann der Gedanke seinen ersten Schrecken verloren hatte, erörterten wir die Möglichkeiten ein Auto zu finanzieren. Wir kamen schnell zu der Lösung einen Kredit bei Christines Hausbank aufzunehmen. Nur eine Frage blieb noch ungeklärt. Wo finde ich bloß den Wagen, den die Engel und Gott mir zugedacht haben? Wo steht das gute Stück?

Ich fuhr noch am selben Abend zu Hamburgs größten Mercedes Händler. Die Autos die dort standen waren um die zwei maximal drei Jahre alt und kosteten ein Vermögen. Christine sagte gleich zu mir, ein so teures Auto können wir uns über einen Kredit gar nicht leisten. Leider hatte Sie Recht. Wir fragten also noch einmal bei Liane nach und sie versuchte das Bild ab zu rufen. Es gelang Ihr tatsächlich und dabei bemerkte Sie, daß der weiße Mercedes von der Seite betrachtet senkrecht stehende Scheinwerfer hatte. Die Mercedes, die ich mir angesehen hatte, hatten alle leicht schräg nach hinten gezogene Scheinwerfer. Wir wußten nun, wonach wir suchen mußten. Aber es gelang uns nicht einen Daimler zu finden, den wir finanzieren konnten. Die lagen alle so bei zwanzigtausend D Mark, oder hatte zuviel Pferdchen unter der Haube. Die Versicherung wollte mir anrechnen, daß ich bereits zwei Jahre einen Wagen unfallfrei gefahren hatte, aber würde immerhin noch mit 120 % statt 165 % anfangen. Das schloß Autos mit stärkerer Motorisierung von vornherein aus. Es war einfach nicht zu finden mein erstes eigenes Auto. Ich gab nach ein paar Tagen auf und fragte Liane, ob Sie bitte auch ihren Blick schweifen lassen könnte. Im Prinzip hatten wir mit diesem Signal den Engeln gezeigt, wir haben unser möglichstes gegeben. Wir brauchen jetzt professionelle Hilfe. Die Engel ließen auch gar nicht lange auf sich warten. Zwei oder drei Tage später rief unser liebes Sprachrohr an und meldete auf kuriose Weise zu dem Auto geführt worden zu sein. Die Strecke, die sie täglich fuhr, führte bei einen Toyota Händler vorbei. Als sie so Mutterseelen allein vor sich hin fuhr, hörte sie auf Höhe von Toyota die Worte „Hallo, hier bin ich". Liane sagte uns, so deutlich hätte Sie Stimmen vorher auch noch nicht vernommen. Vor Schreck hielt Sie Ihren Wagen an und schaute sich um, ob nicht doch jemand in Ihrem Auto saß. Macht man ganz instinktiv, aber da war niemand sichtbares.

Bei Ihrem Blick , fiel Ihr natürlich der weiße Mercedes auf , der da so vor dem Geschäft stand. Sie wäre nie auf den Gedanken gekommen einen Mercedes bei einem Toyota Händler zu suchen. Liane rief ganz aufgeregt bei uns an. Wir fuhren noch am selben Abend zum Händler, um ihn uns anzusehen und eine Probefahrt zu machen. Wir sagten dem Händler, daß wir den Wagen haben wollten und gingen am folgenden Tag zur Bank und beantragten einen Kredit. Ein oder zwei Tage später war ich stolzer Besitzer meines ersten eigenen Autos und dann auch noch einen Mercedes.

Um es kurz zu machen, es wurden in der Firma in Rendsburg zusätzliche Leute eingestellt. Viel zu viele, für eine ehemalige drei Mann Bude. Es kam was kommen mußte, eines schönen Tages wurden wir alle ins Büro gerufen und der Konkurs der Firma mitgeteilt. Das war für alle ein Schock. Ich hatte keine Vorwarnung von Gott bekommen. Unser Sprachrohr hatte zwar wörtlich gesagt: Wenn Ihr mit der Firma nach Rendsburg zieht, geht die Firma baden. Es traf mich trotzdem völlig unvorbereitet. Ich war im ersten Moment richtig verunsichert und sogar ein bißchen verärgert.
In diesem Gespräch, und während dieser Bekanntmachung legte einer der Chefs uns allen ein Schreiben vor, mit der Bitte und Aufforderung dies zu unterschreiben. Ich lehnte es ab zu unterschreiben. Mein erster Eindruck war richtig, dies Schreiben hatte nur einen Zweck. Auf nicht ganz faire Weise den persönliche Schaden für meinen Chef, den Inhaber der Firma, so klein wie möglich zu halten. Als dann klar war, daß das Unternehmen wirklich nicht mehr zu retten war holte ich mir einen Antrag auf Konkursausfallgeld beim Arbeitsamt. Für diesen Antrag mußte vom Arbeitgeber eine Verdienstbescheinigung ausgefüllt werden. Als ich diese von meinem Chef ausgefüllt zurück bekam fehlte das Weihnachtsgeld. Es waren nur für die letzen drei Monate des Jahres, die reguläre Gehälter aufgeführt. Auch auf mein Bitten hin das Weihnachtsgeld nachzutragen, verweigerte dies auch weiterhin mein Chef. Ich erinnerte Ihn an sein Versprechen: So lange es beim Weihnachtsgeld einen Steuerfreien Betrag gibt, mindestens diesen zu bezahlen. Aber auch das stimmte Ihn nicht um. Über das Sprachrohr wurde mir empfohlen gegen meinen Chef zu klagen. Mein Schwiegervater versuchte mir die Klage auszureden. Er, der er im Betriebsrat bei seiner Firma mit arbeitete, wüßte genau das diese Klage abgewiesen werden würde. Aber ich vertraute den Engeln und ging den eingeschlagenen Weg zu Ende.
Leider behielt mein Schwiegervater Recht. Die Klage wurde mit der von meinem Schwiegervater vorhergesagten Begründung abgewiesen. Ich hatte dieses versprochene Weihnachtsgeld erst zweimal gezahlt bekommen und somit könnte man nicht von einer betrieblichen Übung sprechen. Die wäre erst nach einem dritten Mal gegeben gewesen. Mein Chef bestritt natürlich jemals ein solches Versprechen abgegeben zu haben. Ich war und bin diesem Chef deswegen nicht böse. Ich hatte Verständnis für sein unkorrektes Verhalten und habe ihm längst verziehen. Für uns Liane, Karin, Christine und mich war dieses Ergebnis irritierend. Nach langer Auseinandersetzung mit dem Ergebnis und der erfolglosen Suche nach einem von uns begangenem Fehler in dieser Sache, verbuchten wir das Ergebnis unter dem Motto „Wer weiß, wozu es gut ist oder war".
Das wirklich Schlimme an dieser Konkursgeschichte war etwas anderes. Christine war zu dieser Zeit zwei Monate vor der Niederkunft. Vor Christines hatten wir ein halbes Jahr vergeblich versucht schwanger zu werden. Es wollt und wollt uns nicht gelingen und wir haben viel geübt.
Besonders sorgfältig beobachteten wir auch die Tage des Eisprungs in unseren Bemühungen. Wir hatte auch mit Liane mehrfach über dieses Thema gesprochen. Es kam nichts kein Bild.
Aber wie es schien war die Zeit noch nicht reif. Bis eines Tages über unser Sprachrohr ein Bild dazu durchgegeben wurde. Diese Bild zeigte deutlich, daß Christines Eileiter

verklebt seien. Christine also nichts wie hin zum Doktor. Dieser war etwas irritiert, über die vorgetragene Diagnose, war aber gerne bereit die Eileiter einfach mal durch zu pusten. Zumal dieser Arzt mit Liane Jahre zuvor schon einmal eine seltsame aber himmlische Geschichte erlebt hatte. Als dieser erfuhr das Liane dahinter steckt redete er nicht mehr gegenan sondern gehorchte.

Kurz nach diesem harmlosen Eingriff stellten wir beim Urintest fest, daß Christine Gefühl stimmte. Wir waren endlich guter Hoffnung oder anders gesagt schwanger und überglücklich.

Also Christine war wie ich entlassen wurde hochschwanger und gerade dabei ein Nest zu bauen. Sie bekam es bestimmt manchmal mit der Angst zu tun. Selber nicht mehr arbeiten zu können und dann auch noch einen Mann der Arbeitslos ist. Liane sprach uns Zuversicht zu und half uns mit unseren Ängsten klar zu kommen. Das seltsame an der ganzen Geschichte war für uns auch noch folgendes. Wir waren jetzt erst Recht sicher im Recht gewesen zu sein, damals so gegen den Umzug der Firma nach Rendsburg gewirkt zu haben. Als ich dann eines Tages Liane einmal Bilder von den Firmengebäuden in Rendsburg gezeigt hatte. Erkannte Liane das geistige Bild wieder, welches Sie vor dem Umzug gezeigt bekommen hatte. Mit anderen Worten wir mußten im Anbetracht der in den Scherben liegenden Firma erkennen, daß auch dies anscheinend wie auch der Umzug von „Oben" gewollt war. Allein den Sinn dahinter konnten wir noch nicht entdecken.

Es gab aber bei passender Gelegenheit eine neue Anweisung von „Oben" anhand eines Geistbildes. Auf diesem Bild zeigte man unserem Sprachrohr mich eine Tageszeitung durchblättern. Für uns war klar: Ich würde meine neue Stelle und Aufgabe über die Zeitung finden. Ich schrieb Bewerbungen und bekam die üblichen Absagen. Bis ich eines Tages auf eine meiner Bewerbungen hin einen Anruf bekam und zum Vorstellungsgespräch eingeladen wurde. Das Wesentliche des Bewerbungsschreibens wurde mir zuvor über unser Sprachrohr übermittelt. Ich sollte in meine Bewerbung folgenden Satz einfügen. „Es würde mich freuen, wenn ich in Ihr Unternehmen meinen Fleiß, meinen guten Willen und meine Talente einbringen könnte".

Kurz vor diesem Anruf hatte Christine und ich unsere Tochter Alexandra das Licht der Welt erblicken sehen.

Kapitel 18 - Gottes Segen wird sichtbar

Wie durch ein Wunder hatte Christine eine ganz einfache Geburt. Wir fuhren am
4.12.1989 ins Krankenhaus, weil Christine der Meinung war Ihre Fruchtblase sei
geplatzt. Ich hatte etwas mit Ihr geschimpft, weil Sie eine Stunde nach dem ersten
Fruchtwasser immer noch Zuhause saß und auf mich wartete. Ich fuhr sofort mit Ihr ins
Krankenhaus. Dort schickte man mich nach Haus, weil man meiner Frau nicht glauben
wollte, daß unser Kind heute Nacht geboren werden wollte. Meine Frau hatte so
schwache Wehentätigkeit, daß man Ihr einfach nicht glauben konnte und wollte. Auf das
beharrliche Drängen meiner Frau holte man mich per Telefon kurz nachdem ich mich
hingelegt hatte wieder aus dem Bett. Im Krankenhaus angekommen sollte ich mit meiner
Frau noch über den Flur schlendern, wegen der zu schwachen Wehentätigkeit. Christine
war sich immer sicherer, daß die Geburt kurz bevorstand. Die freundliche Hebamme
führte, um uns zu beruhigen, eine Untersuchung an der Gebärmutteröffnung durch.
Seltsamer Weise hatte es die Hebamme dann mit einem Mal furchtbar eilig uns in den
Kreißsaal zu bringen. Auf dem Flur bekam meine Frau dann so etwas zu hören wie.:
Kommen Sie jetzt bloß nicht auf die Idee, Ihr Kind auf dem Flur zu kriegen. Eine halbe
Stunde später war dann unsere Tochter Alexandra geboren. Eine so süße kleine
schreiende Knitteroma. Wir schwebten auf Wolke sieben. Wir waren hinterher keinem
mehr böse, daß unser Drängen vor der Geburt nicht ernst genommen wurde. Es war auch
nachvollziehbar, daß man den Aussagen einer 35 Jahre alten Erst- und Spätgebärenden
keinen Glauben schenkte. Es sprach einfach die Erfahrung des Personals dagegen. Wir
konnten ja keinem sagen, daß diese Geburt unter einem besonderen Stern und den
wachsamen Augen Gottes und der Engel stattfindet. Es war dank der entsprechenden
Engel, nennen wir Sie in diesem Fall himmlische Geburtshelfer eine wirklich wundervoll
einfache Geburt.
Wir hatten uns vor der Geburt gut vorbereitet und so auch unseren Teil zum Wunder
beigetragen. Mit dem Verlauf der Geburt waren unsere Gebete erhört worden. Mit der
Nachbetreuung durch unsere Kursleiterin war wiederum ein weiteres Gebet auf
wunderbare Weise erhört worden. Diese erfahrene Hebamme, die uns auch menschlich
sehr sympathisch war, hatte uns wundervoll über die ersten Tage der Unsicherheit
hinweggeholfen. Das war aus unserer Sicht, auf das Wirken der Engel zurückführbar,
denn diese besondere Hebamme war für unseren Stadtteil eigentlich gar nicht zuständig.
Als nun diese Hebamme an einem dieser Besuchstage eine Babywaage mit gebracht
hatte, um daß Gewicht unserer Tochter zu überwachen, traute ich meinen Augen kaum.
Die Waage, war eine Waage der Firma bei der ich am darauffolgenden Tag mein erstes
Forstellungsgespräch haben würde. Ich nahm dies als ein gutes Zeichen für mein
Vorstellungsgespräch. Am darauffolgenden Tag ging ich mutig aber mit vor Aufregung
zitternden Händen zum Vorstellungsgespräch. Vor dem Gespräch bat ich meinen
Schutzengel in einem intensiven gedanklich geführten Gespräch um Hilfe und Beistand.
Zuvor hatte ich Gott in einem konzentriertem Gebet um Hilfe gebeten.
Mir wurde geholfen, denn kaum saß ich in dem Zimmer war meine Aufregung verflogen
und ich antwortete gelassen und wohl auch überzeugend auf alle Fragen.
Ich war mir nach dem Gespräch sicher mehr als mein Bestes gegeben zu haben. Dem
muß wohl auch so gewesen sein, denn man hat mich am darauffolgenden Tag telefonisch
gebeten zum Vertragsabschluß zu erscheinen. Das ging alles so schnell und im
Nachhinein so einfach, daß wir alle nur staunen konnten. Ich hoffe meine Dankgebete

konnten dieses große Geschenk auch nur annähernd würdigen. Das Besondere an dieser Neuen Aufgabe war, daß ich ohne mich einen einzigen Tag arbeitslos melden zu müssen in meinen neuen Job einsteigen konnte. Ich bekam zwar wegen der Klage etwas verspätet Konkursausfallgeld, aber ich war auf dem Papier noch bis zum 31.12.1989 in Stellung und ab 01.01.1990 schon in einer neuen Anstellung.

Kapitel 19 - Wie der Himmel dafür sorgt das aus einer Karrierefrau eine Vollbluthausfrau wird.

Christine die schon seit einigen Jahren bei Ihrem bisher letzten Arbeitgeber arbeitete, wurde wegen ihrer Schwangerschaft sehr angefeindet. Ihre Vorgesetzte hatte schon mehrfach vorher versucht Christine zu einer gemeinsamen Selbständigkeit zu überreden. Christine hatte dies immer aus mehreren Gründen abgelehnt. Erstens waren wir vor Jahren schon von der Frau U. gewarnt worden. Keine Selbständigkeit mit Fremden nur mit dem eigenen Mann, mit mir. Sie, die Uppi hatte uns außerdem gesagt es bestünde die Möglichkeit einer gemeinsamen Selbständigkeit und Zusammenarbeit. Zweitens hatte Liane ein Bild dazu bekommen. Aus diesem Bild ging klar hervor, daß eine Selbständigkeit für Christine mit Ihrer Chefin nur mit Tränen enden könnte. Die Ablehnung des Wunsches schaffte erstes böses Blut. Das Christine sich dann auch noch erlaubte, als die stellvertretende Abteilungsleiterin ein Kind zu bekommen. Da war der Ofen ganz aus. Diese Chefin hatte zwar noch vor nicht all zu langer Zeit schriftlich bezeugt, daß Christine die stellvertretende Abteilungsleiterin war. Christine bekam jetzt aber den Eindruck, daß das Ihrer Vorgesetzten jetzt gar nicht mehr so recht war. Mit dieser schriftlichen Zeugenaussage hatte das folgende Bewandtnis. Christine arbeitete schon einige Zeit in dem Unternehmen, als Christine feststellte, daß Sie als stellvertretende Abteilungsleiterin nicht richtig bezahlt wurde. Man versuchte bei den tarifliche Lohnerhöhungen Christines Berufsjahre nicht gelten zu lassen. Der damalige Geschäftsführer war der Meinung, es zählen Berufsjahre immer nur die in der ausgeübten Position. Kam es zu sehr unterschiedlichen Auffassungen zwischen diesem Chef und Christine. Der Chef verlor, wie wir im Voraus wußten, den Prozeß. Woher wir das wußten. Liane hatte auch hierzu ein eindeutiges geistiges Bild gezeigt bekommen. Christine bekam rückwirkend Ihre Lohnerhöhung gezahlt. Das dieser Chef danach nicht gut auf Christine zu sprechen war, ist leider nur zu verständlich. Wer verliert schon gern und bekommt vom Richter zu hören, daß man solche unsinnigen Verhandlungen auch vermeiden kann. Von einem Geschäftsführer könnte man erwarten, daß dieser den Tarifvertrag richtig lesen und verstehen könnte. Wie dem auch sei, es war ein von da an angespanntes Arbeitsverhältnis.
Christine konnte diesem Chef nichts mehr recht machen. Christine fand diese Situation mit Recht unhaltbar. Bei unseren Gesprächen bei und mit Liane war dies eine gewisse Zeit das beherrschende Thema. Bis Liane als Sprachrohr auch in dieser Sache genutzt wurde. Sie sagte Christine ziemlich unvermutet, daß dieser Chef abgezogen werden würde. Das sogar recht bald. Christine sagte daraufhin fast entrüstet: Der verläßt die Firma nie und nimmer. Und was soll ich Ihnen sagen, vier Wochen später verschwand dieser Chef Hals über Kopf aus dem Laden. Oder sagen wir zur Überraschung aller Mitarbeiter gab dieser seinen Posten kurzfristig auf. Es hatte von seiner Seite

Bestechungsversuche in Christines Angelegenheit gegeben, um das Ergebnis der Verhandlung im Vornherein für sich zu beeinflussen. Die betroffene Kollegin und Vorgesetzte hatte dies abgelehnt und gemeldet.

Nun zurück zu Christines erster Geburt. Ich rief in der Firma von Christine an und sagte wo man Sie besuchen kommen könne. Aber es kam keiner. Keiner von den Kollegen, oder die Chefin, mit denen Christine 10 Jahre freundschaftlich zusammen gearbeitet hat kam sie besuchen.

Erklärend möchte ich aus meiner Sicht dazu nur soviel sagen. Wenn die Engel etwas machen, dann machen sie es gründlich. Durch das Vorgefallene fiel es Christine viel leichter sich vom Beruf zu verabschieden, als wenn eitel Sonnenschein bei der Trennung gewesen wäre. Liane sagte diesbezüglich einmal: Ich kann mir Christine, diese selbstbewußte, berufstätige erfolgreiche Frau gar nicht als Hausfrau und Mutter vorstellen. Hinterher mußte auch Liane einräumen, wie sehr der Ablauf der Ereignisse geholfen hat. Geholfen, Christine geradezu in die neue Aufgabe hinein zu schieben und die Brücken in die Vergangenheit abzubrechen.

Kapitel 20 - Im Himmel muß es auch Arbeitsstätten geben, denn Engel wissen sehr genau wie Mitarbeiter geführt werden müssen.

Nun trat ich meine neue Aufgabe 1990 an. Ich hatte in dieser Anstellung eine Abteilung mit anfänglich etwas mehr als zwanzig Mitarbeitern zu führen. Das jagte mir doch ein wenig Angst ein. Ich trat diese Stellung mit gemischten Gefühlen an. Meine Unsicherheit verbarg ich hinter distanziertem vorsichtigem Auftreten. Mein Vorgänger ein Herr L... arbeitete mich in alles ein.

Ich versuchte nett und höflich zu sein und trotzdem die notwendige Autorität durchklingen zu lassen. Nach meiner Einarbeitungsphase lernte ich meine Mitarbeiter so richtig kennen. Mir kam in den Sinn zur gleichen Zeit mit der Arbeit zu beginnen wie meine Mitarbeiter. Ich kam also um sechs Uhr in meine Abteilung. Was ich da dann erlebte überraschte mich doch sehr. Ein Trupp von bis zu 10 Leuten versammelte sich an einem Arbeitsplatz. Dort wurde dann allerlei Privates erzählt. Dies dauerte in der Regel eine halbe Stunde. Dann geruhten meine Mitarbeiter mit Ihrer Arbeit anzufangen.

Ich erkundigte mich bei meinen Vorarbeitern nach den Ursachen für diese Verhalten. Ich bekam zur Antwort, daß würde schon seit Jahren so laufen. Selbst der Inhaber der Firma sei vor ein paar Jahren deswegen in der Abteilung gewesen. Dieser hätte sich dann dazu gesetzt und an der Unterhaltung teilgenommen.

Mir gefiel das gar nicht und ich versuchte meine Mitarbeiter dazu zu bringen die Arbeit gleich um 6:00 Uhr zu beginnen.

Doch nichts änderte sich. Nur ein paar zumeist ausländische Mitarbeiter fingen an, wie zuvor zu arbeiten unmittelbar nachdem sie zur Arbeit gekommen waren. Die meisten ausländischen Mitarbeiter hatten sowieso nie zu dieser klönschnack Gruppe gehört.

Über unser liebes Sprachrohr wurden mir Tips gegeben, wie ich meine Mitarbeiter zur Arbeit anhalten könnte. Mal mit einem kecken Spruch, oder mal mit Strenge. Folgende verschiedenen Wege probierte ich auf Geheiß der Engel aus. Ich sagte zu der Gruppe zum Beispiel.

1. Guten Morgen meine Damen meine Herren ! Wollen wir, können wir?

2. Was ist meine Damen und meine Herren wollen sie sich nicht an meinen Stil gewöhnen, an Ihren Stil werde ich mich nicht gewöhnen.
3. Es gibt nur zwei Möglichkeiten. Ärger wollen wir doch alle nicht?
4. Also Ihr sitzt hier schon wieder rum, wollt ihr mich eigentlich mal wütend erleben. Das ist doch nichts gutes. Ich muß euch jeden Tag auffordern und antreiben. Aber das macht nichts, daß bringt uns ja auch näher.
5. Was ist, habt ihr keine Lust? Ich hab auch keine Lust, aber wir müssen. Und nu aber mal ran.
6. Was wollt Ihr eigentlich. Wollt Ihr arbeitslos werden. Erst in aller Güte, dann im Bösen und jetzt wollt ihr immer noch nicht. Nun sagt mir doch einmal, was wollt ihr wirklich?
7. Ich gebe euch jetzt eine zweite Chance. Wenn das dann immer noch nicht läuft. Ihr wißt ich bin meldepflichtig.

Auf diese Weise kämpfte ich darum, daß meine Abteilung richtig lief. Nur meine Mitarbeiter wollten nicht. Es kam wie es kommen mußte. Eines Tages tauchte überraschend mein Betriebsleiter auf. Wie üblich war wieder der harte Kern beim Schwätzchen. Der Betriebsleiter forderte von dem anwesenden Vorarbeiter eine Liste mit den Namen der Herrschaften. Mit dieser frohen Botschaft wurde ich gleich morgens begrüßt, als ich wie „zufällig" an diesem Tag deutlich später zur Arbeit kam. Alle die an diesem Tag erwischt worden waren bekamen eine Abmahnung.
Als dann meine Mitarbeiter nach ein paar Tagen immer noch die Köpfe hängen ließen erarbeitete ich mit Liane und der liebevollen Unterstützung der Engel folgende Rede:
Mir ist aufgefallen, Ihr meutert seit Tagen herum. Ihr seid sauer, ich kann das verstehen. Ich versteh das wirklich. Aber überlegt mal: Wochenlang habe ich versucht euch zu ermahnen und zu motivieren, die Arbeit rechtzeitig auf zu nehmen. Und genau das was jetzt passiert ist, wollte ich damit verhindern. Da ihr aber nicht mitgespielt habt, mußte das passieren. Aber deswegen geht die Welt doch nicht unter. Vergeßt doch die Sache einfach. Denn wenn Ihr weiterhin mit Wut Eure Arbeit macht, macht ihr euch das doch nur unnütz schwer.
Hat noch einer Fragen?
Wenn die Frage kommen sollte: Aber ich hab das jetzt in meiner Personalakte?
Dann sollte meine Antwort sein: Och. Da wächst doch Gras drüber, und in Null Komma nichts ist es vergessen.
Als auch diese Ansprache nichts bewirkte, kam es noch dicker. Ich mußte noch eine Ansprache halten. Wieder mit freundlicher Unterstützung der Engel.
Also die Leistung der Abteilung ist deutlich gesunken. Das ist auch der Geschäftsleitung aufgefallen. Ich habe keine Möglichkeit daran zu drehen und das will ich auch nicht. So, wer macht jetzt einen Vorschlag, wie wir das ändern können?
Als keine Vorschläge kamen sollte ich sagen:
Da von Euch nichts kommt, muß ich euch sagen. Ihr müßt fleißiger sein. Und da wir gerade beim Thema sind, mit dieser Ansprache, möchte ich Schlimmeres verhindern.

Zu dem Thema Führungsgespräche gibt es noch ein Beispiel, wie mir die Engel über unser Sprachrohr geholfen haben.
Ich sollte auch meine Vorarbeiter ins Gebet nehmen und dazu bringen auf die Einhaltung meiner Anweisungen eifrig zu achten.

Ich sollte beide zum Gespräch bitten und Ihnen folgende Standpauke halten:
So meine Herren, sie sind Vorarbeiter.
Wissen sie überhaupt, was es bedeutet Vorarbeiter zu sein? Vorarbeiter sein heißt nicht nur in der Arbeit qualifiziert zu sein, sondern auch in der Menschenführung. Was ich in letzter Zeit von Ihnen höre und sehe, läßt mich an Ihren Qualifikationen zweifeln.
Sollte die ganze Angelegenheit aber nur gegen mich gerichtet sein, kann ich Ihnen jetzt schon versprechen, daß sie damit nicht durchkommen. Das ich diese Schlamperei nicht dulden werde müßte eigentlich klar sein. Und jetzt erwarte ich folgendes von Ihnen, an den Tagen wo ich nicht morgens um sechs erscheine, wünsche ich das der Laden läuft und um punkt sechs die Arbeit aufgenommen wird. Von Allen.
Am nächsten Tag sollte ich dann fragen ob es geklappt hat. Abschließend durfte ich dann noch sagen: So, dann gehe ich davon aus, daß meine Anordnungen ab jetzt strikt befolgt werden.

Denken Sie jetzt nicht lieber Leser ich hätte nur Rüffel verteilt. Nein, ich habe mich auch für meine Mitarbeiter eingesetzt. Ich habe dafür sorgen können, daß es in meiner Abteilung keine Leichtlohngruppen mehr gab. Daß die ausländischen Mitarbeiter den gleichen Lohn bekamen wie die Deutschen. Wenn es mal mit der Geschäftsleitung Schwierigkeiten gab, habe ich auch nicht davor zurückgeschreckt, mit unserem Betriebsleiter ein Gespräch zu führen. Natürlich waren mir die Engel dabei auch gern behilflich. Wie in der zuvor geschilderten Sache sollte ich auf anraten der Engel auch diese unliebsamen Aufgaben anpacken.
Mit folgender vorbereiteter Rede und Angst im Bauch stürmte ich in das Büro meines Betriebsleiters.
Herr F... ich will nicht respektlos sein, aber ich würde Ihnen gerne einmal meine Gedanken unterbreiten. Ich bin zwar erst kurze Zeit in Ihrem Unternehmen. Aber es ist mir gelungen nach einigen Kämpfen, daß meine Mitarbeiter gern und gut arbeiten. Mit liebevoller und verständnisvoller Menschenführung habe ich das erreicht. Und jetzt komme ich nicht weiter. Können sie mir vielleicht erklären, warum sie sich gegen die Urlaubswünsche meiner Mitarbeiter entschieden haben. Denn das erschwert meine guten Reformen. Geben und nehmen ist doch das wahre Leben, nur zu fordern erzeugt bei anderen Frust. Da müßte es doch ganz bestimmt einen besseren Weg geben.
Mit gefalteten Händen sollte ich dann sagen: Glauben sie ja nicht, daß ich hier ohne Herzklopfen sitze wo ich mich soweit vorgewagt habe. Aber anders wußte ich mir nicht zu helfen.
Da die Engel oft auch nicht ganz genau im Voraus wissen, wie Menschen reagieren, bekam ich für die negative und die positive Reaktion meines Betriebsleiters einen Abschlußtext an die Hand gegeben.
Negativ.
Wollen wir das heute bitte nicht als endgültig betrachten. Ich danke Ihnen, daß sie mich angehört haben.
Positiv:
Ich möchte mich ganz herzlich bedanken, daß sie mich angehört haben. Kann ich, wenn ich mal wieder ganz doll was auf dem Herzen habe wiederkommen?
Das Gespräch lief gut und meine Mitarbeiter bekamen Ihren Urlaub genehmigt. Aber erst nachdem ich einen aufwendigen Urlaubsplan ausgearbeitet und vorgelegt hatte.

Nach dieser Aufgabe kamen noch weitere. Zumeist Aufgaben, die in mir Unbehagen auslösten. Es half nichts. Auch wenn ich noch so oft diese Dinge hin und her überlegte. Ich traute mich nicht mehr den Rat der Engel zu ignorieren. Ich hatte schon zuviel erlebt. Wie sie bereits erfahren konnten, hatte sich immer alles zum Guten gewendet. Wenn, ja wenn ich den Rat der Engel befolgte. Es war immer wieder mit einer Überwindung verbunden. Denn die Aufgaben wurden immer anspruchsvoller. Mir, dem es in dieser Hinsicht noch an Selbstbewußtsein mangelte, halfen diese Aufgaben im Nachhinein immer weiter zu wachsen. Mit jeder Herausforderung, der ich mich erfolgreich stellte wurde ich stärker und meiner selbst sicherer. Ich war jedesmal heil froh, wenn ich die Gelegenheit fand meinen Auftrag auszuführen. Erst wenn ich meine Aufträge ausgeführt hatte fühlte ich mich besser.

Kapitel 21 - Auch das Aufschreiben meines Erlebnisberichtes verhalf zu neuen Erkenntnissen.

Ich denke nun ist es an der Zeit ein paar Worte darüber zu verlieren, was mir beim Schreiben des Buches selber aufgefallen ist. Ich stellte mir die Frage: Wenn dieses Buch einen Sinn haben soll, dann sollte der Inhalt meinen Brüdern und Schwestern einen Weg zu Gott zeigen. Meinen Weg zwar, aber einen Weg den jeder nachfolgen kann. Nur, wer hat schon das Glück wie ich einem Medium zu begegnen? Diese Frage beschäftigte mich doch sehr.
Es dauerte gar nicht lange als mir die Antwort auf meine Frage übermittelt wurde:
Hier noch mal meine Frage. Wie sollen die Menschen mit Hilfe meines Buches den Weg zu Gott finden? Wie kann diesen geholfen werden?
Für die, die es halbherzig tun (Gott suchen) gibt es wenig. Für die, die es vollen Herzens tun wird Hilfe zu Teil. Auf verschiedenen Wegen. Vielleicht auch durch einen Menschen der schon viel darüber weiß. Wenn Sie sich bei dem Versuch gut fühlen und das Bedürfnis haben darüber zu reden. Zu bestimmten Menschen. Sollten Sie es ohne Scham tun.
Denn man weiß nie vorher wen man vor sich hat. Es sind zu dieser Zeit ganz viele Menschen auf der Erde, die als Medium fungieren. Warum sollte Ihnen nicht begegnen was mir begegnet ist. Ich hatte bestimmt keinen besseren Start als Sie. Womit ich diese Glück verdient habe, muß wohl im Nebel meiner vergangenen Leben liegen. Vielleicht habe ich damals etwas so gut gemacht, daß ich heute dafür belohnt werde. Denn mein Leben vor meiner Rückkehr zum Glauben war ganz normal. Keine besonders guten und auch keine besonders schlechten Taten konnten mir angerechnet werden.
Nun wieder zurück zu meiner zweiten Anstellung. Nach den vielen von oben geführten Aktivitäten kehrte Ruhe ein. Ich kümmerte mich so gut ich es vermochte um meine Aufgaben. Durch meine Arbeit war ich oft in der Lage früh Feierabend zu haben. Das gab mir die Möglichkeit bei meiner Frau und unsere Tochter viel Zeit zu verbringen.
In diesem Zeitraum muß es auch gewesen sein, daß ich die Kraft des Gebetes erfahren durfte.
Sie mögen mich jetzt vielleicht belächeln oder auch nicht. Ihre Sache. Ich zumindest kann mich auch an ganz banalen Wundern erfreuen. Ich hatte zum Beispiel einmal eine Passionsblume. Die blühte so schön. Ich freute mich jedesmal riesig, wenn eine Blüte

aufging. Als ich dann erfuhr, daß diese Pflanzen eßbare Früchte tragen würden gab es kein halten mehr. Ich bat darum, daß aus meinen Blüten einmal Früchte hervorgehen sollten. Eines Tages, ich hatte an meinen Wunsch schon gar nicht mehr gedacht. Stellte ich fest, daß drei Früchte wuchsen. Ein kleines schönes Wunder für mich.

Ein weit aus größeres für mich hing mit meiner Arbeit zusammen. Zu meinen Aufgaben gehörte es auch Berichte und Anträge zu verfassen. Ich hatte sehr große Angst davor, daß jemand meine Rechtschreibschwäche entdecken könnte. Ich bettelte im Gebet förmlich darum, Gott möge mir helfen.

Es wurde geholfen. So sehr geholfen, daß ich heute fast fehlerfrei schreiben kann. Ich brauchte mich nur etwas mehr zu konzentrieren und gelegentlich etwas nachschlagen und es läuft. Außerdem habe ich dazu noch einen Stil entwickelt, den meine Chefs bald fürchteten. Was auch immer ich später schrieb. Es wurde so gut, daß ich meinte sogar einmal ein Buch schreiben zu können. Als ich dies im Beisein unseres Sprachrohrs laut sagte, bekam mein Enthusiasmus einen gehörigen Dämpfer. Sie beschrieb mir ein Bild, daß vor Ihrem geistigen Auge auftauchte. Es wurde Ihr ein aufgefächertes Buch gezeigt mit lauter leeren Seiten.

Kapitel 22 - Wieder heißt es vor der Geburt unseres zweiten Kindes nicht die Hoffnung aufgeben und im Glauben und Vertrauen auf Gottes Beistand standhaft bleiben und die Angst besiegen.

In meinem Job blieb das Verhältnis zu einigen Mitarbeitern gespannt. Ich maß dem aber keine große Bedeutung zu. Mein Vorgesetzter, in der Hierarchie zwischen mir und dem Betriebsleiter hatte zwei Wochen nach mir seine neue Stellung angetreten. Ich mochte diese Mann sofort. Was ich von meinem Betriebsleiter nicht gerade behaupten konnte. Ein Mensch, der Untergebene nur durch das Einschüchtern und fundierte Kritik führt. Ich habe schon immer meine Schwierigkeiten mit Einschüchterern gehabt. Sie wissen doch, daß sind diejenigen von unseren Brüdern und Schwestern die einem immer gleich Angst einjagen. Bei denen man sich nie frei, immer befangen und eingeschüchtert fühlt. Wenn das dann auch noch durch einen grimmigen Gesichtsausdruck unterstützt wird, fällt es mir immer noch schwer solche Menschen zu mögen. Mein netter Vorgesetzter war ein freundlicher behutsamer Mensch, dem die Freundlichkeit nur so im Gesicht geschrieben stand.

Dieser hatte, ohne mein Wissen, meinen Tatendrang und meine revolutionären Einfälle nach oben zu den Chefs vertreten und gedeckt. Er schirmte mich etwas nach oben ab. Besonders zu dem besagten Betriebsleiter. Ich hatte mir zum Beispiel einmal einen wirklich groben Schnitzer erlaubt. Ich hatte mich als ordentliches Gewerkschaftsmitglied einer spontanen Arbeitsniederlegung angeschlossen. Ich wollte meinen Mitarbeitern einfach zeigen, daß ich mit Ihnen fühle und auch kämpfe. Das erfuhren natürlich sofort meine Chefs. Mein Vorgesetzter saß zwischen den Stühlen und bekam wegen mir bestimmt einen Rüffel.

Er machte mir seine Mißbilligung unmißverständlich klar.

Als ich Liane davon erzählte wurde meine Sorge noch größer. Sie hatte ein ungutes Gefühl bei der ganzen Sache. Sie befragte mich nach meinen Motiven. Meine Motive fand sie anerkennenswert. Nur meine Handlung war Ihrer Ansicht nach falsch. Es dauerte gar nicht lange und ich bekam einen Brief diktiert. Dieser war so gut, daß ich mich wieder viel wohler fühlte. Hier nun der himmlische Brief:

Herr P...

Ich bin mir nicht mehr ganz sicher, ob ich mich gestern richtig verhalten habe.

Nachdem Sie mich darauf aufmerksam gemacht haben, habe ich darüber nachgedacht, und mich über den Unterschied zwischen einem Streik und einem Warnstreik informiert. Während ich gestern noch der Meinung war , mich mit meinen Kollegen nach den Weisungen der Gewerkschaft solidarisch erklären zu müssen, bin ich heute der Meinung, daß ich mich da auch hätte raushalten können.

Die ganze Sache mit der Gewerkschaft finde ich gut und die muß auch sein.

Aber ich habe wohl durch mein kurzes dabei sein noch nicht den richtige Überblick.

Ich wollte Sie wissen lassen, wie ich heute über das denke, was Sie gestern angedeutet haben.

Sollte ich mich verkehrt verhalten haben, so tut es mir leid.

Mit freundlichen Gruß

Jens Meyer

Eines Tages dann deutete mein netter Vorgesetzter an, daß er mit dem Gedanken spiele die Firma zu verlassen. Ich war entsetzt. Mein Vorgesetzter in dessen Fußstapfen ich hätte Karriere machen sollen (Das hatten mir die Engel geflüstert), wollte die Firma verlassen. Ich rief Liane an und erzählte diese entsetzliche Neuigkeit. Sie beruhigte mich und teilte mir mit, was ich auf anraten der Engel dagegen unternehmen könnte.

Man riet mir mit meinem Chef mal einen Abend fern der Arbeit und der Pflichten zu verbringen.

Oh, was mich das wieder für eine Überwindung gekostet hat den Auftrag aus zu führen. Manchmal versuchte ich sogar weniger von meiner Arbeit zu erzählen. Nur um nicht wieder einen unangenehmen Auftrag zu bekommen. Die Engel gingen mit mir nicht gerade zimperlich um. Es fiel mir nur oft so schwer den Mund zu halten. Im Grunde genommen wollte ich ja eigentlich den Rat der Engel. Ich hatte nur oftmals andere Vorstellungen und Erwartungen. Ich hatte also den Auftrag mit meinem Chef einen Abend zu verbringen. Er willigte verdutzt ein und zog mit mir einige Tage später los. Was mir den Abend passiert ist kann ich heute selbst noch nicht ganz glauben. Ich, der ich von zwei Bier immer schon betrunken war habe den ganzen Abend ein Bier nach dem anderen mit meinem Chef getrunken. Er wurde immer redseliger und ich blieb nüchtern. Soviel Bier habe ich vorher und hinterher nie an einem Abend trinken können. Ich weiß nicht wie die Engel das gemacht haben. Aber es hat einfach wundervoll geklappt. Die Engel kannten lange vor dem ersten alkoholfreiem Bier hier, wie man Getränken den Alkohol entzieht. Ich hatte nicht einmal an dem Morgen danach einen Kater. Nichts rein gar nichts. Die Engel können Sachen machen. Da kann man nur noch staunen und dankbar sein. Ich war dankbar und wie.

Für den Abend hatten mir die Engel auch ein Konzept mitgegeben.

Ich sollte meinem Chef folgende Fragen stellen, Antworten geben und Aussagen machen:

1. Ich freue mich mit Ihnen privat zu sein.
2. Es ist einfach mal schön zusammen so außerhalb des Büros zu sein.
3. Wie er sich fühlt, wenn er weg läuft?
4. Weglaufen keine Lösung ist.

5. Wie oft ich mir die Nase gestoßen habe. Was für Schwierigkeiten es auch mir macht mich hinterher auf zu rappeln.

6. Wie fühlen sich die, die diese Probleme nicht haben?

7. Ob er gerne aufgibt, oder kapituliert und ob ihn die Aufgabe nicht reizen würde?

8. Sie muß mir der liebe Gott in die Firma geschickt haben.

9. Ist Ihnen das Peinlich, wenn ich das so offen sage?

10. Wenn er mich fragt, was ich an Ihm finde, einfach zu antworten, daß müssen sie mein Herz fragen. Da ist wohl ein Türchen für Sie aufgegangen.

11. Wenn Sie nicht genug Kraft haben, ich gebe Ihnen gerne von meiner Kraft ab.

12. Sollte sich Ihre Frau hier in Hamburg einsam fühlen, daß ist doch nun wirklich kein Problem. Meine Frau fand ihre Frau als sie sich kurz kennengelernt haben auch sehr sympathisch.

13. Ich kenne die Etikette. Aber in der heutigen Zeit ist doch egal wer wem mit ehrlicher Sympathie entgegentritt. Wo heute doch schon Männer von den Frauen geheiratet werden. Das war doch früher auch nicht üblich.

14. Ich dürfte nur nicht sprachlos werden. Dann sollte ich einen Augenblick die Augen schließen und die Stille wirken lassen. Sollte er fragen, was das eben war? Dann sollte ich sagen: Mir fiel eben nichts ein, deshalb habe ich schnell mal mit meinem Schutzengel Kontakt aufgenommen.

All das habe ich meinem Vorgesetzten sagen sollen und auch gesagt. Ich hatte natürlich große Erwartungen. Doch das Einzige was ich erhielt, waren ausweichende Antworten. Ich verabschiedete mich am Ende des Abends von meinem Vorgesetzten mit dem Gefühl nichts erreicht zu haben. Ich konnte mich nur über das Wunder richtig freuen, viel Bier ohne die normalen üblichen Nebenwirkungen getrunken zu haben. Was an sich schon eine ganz ordentliche Leistung der Engel war.

Das Resultat dieses besonderen Abends bemerkte ich etwas später. Im Umgang zwischen meinem Vorgesetzten und mir bemerkte ich wachsendes Vertrauen. Von beiden Seiten. Manchmal hatte ich mehr das Gefühl einem Freund gegenüber zu sitzen, als einem Vorgesetzten. War das wirklich auf den Abend zurück zu führen? Oder worauf sonst?

Irgendwann vor meinem Urlaub kam dann dieser Vorgesetzte Freund herüber in meine Abteilung um sich zu verabschieden. Das war ein Schock für mich. Ich war betroffen und traurig.

Ganz schuldlos war ich an diesem Weggang nicht. Kurz bevor mein Vorgesetzter seinen Abschied bekannt gab hatten wir ein Sommerfest. So ganz nebenbei hatte ich Liane von diesem Sommerfest erzählt. Wir bekamen ein Bild durchgegeben. Auf diesem Bild waren Christine und ich in ganz bestimmten Kleidungsstücken zu sehen. Des weiteren sollten wir auf meinen Vorgesetzten aufpassen und Ihn an unserem Tisch halten.

Auf der Fahrt dorthin führte der Zufall, für mich die Engel, meine Frau und mich in die Kutsche in der auch der Inhaber der Firma Platz nahm. Als dann eine Kollegen Ihr Wasser nicht mehr halten konnte, reagierte nicht mal der Chef selbst auf die Not der Kollegin. Ich erhob mich und wies den Kutscher an anzuhalten. Für sich betrachtet eine Nebensächlichkeit. Christine konnte dabei aber den Inhaber der Firma also einen meiner Chefs beobachten. Auf dessen Gesicht war deutlich das Erkennen ab zu lesen. Er erkannte in mir Mut und Führungsqualitäten, die er wohl selber gerne gehabt hätte. Ich glaube an dieser Stelle muß ich noch etwas zur Arbeit mit einem Medium sagen. Wahrscheinlich gibt es dieses Phänomen nicht nur bei unserem Medium. Wenn ich

Liane etwas erzählte. Zum Beispiel diese Sache mit der Kutsche und meinem Chef, dann konnte Liane sich in meiner Erzählung so hinein fühlen, daß sie dies vor Ihrem geistigen Auge ablaufen sehen konnte. Damit war es für mich natürlich nicht mehr möglich zu mogeln. Sagen wir meine Rolle in bestimmten Situationen besser erscheinen zu lassen. Denn unser Medium konnte bei wichtigen Situationen die Wahrheit über das Vergangene sehen. Gott sei Dank war ich mir zu dieser Zeit schon bewußt, daß der uns begleitende Engel sowieso alles sah. Auch unsere wahren Gedanken, Gefühle und Motive. Somit war ich lange schon bemüht nur noch die Wahrheit zu sagen.

Nun noch einmal zurück zu dem Sommerfest. Die Kollegin konnte sich erleichtern und wir die Fahrt fortsetzen. Wie durch ein Wunder gelang es uns meinen Vorgesetzten mit an unseren Tisch zu lotsen. Bis dahin lief noch alles gut. Bedauerlicherweise hatten einige meiner Mitarbeiter immer noch nicht akzeptieren können, daß ich nicht geduzt werden wollte. So lockte man mich unter einem Vorwand heraus und versuchte mich eine geschlagene halbe Stunde zum DU zu überreden. Als ich mit Engels Zugen dieses Angebot zurück gewiesen hatte, gingen meine Frau und ich wieder hinein. Irritiert mußte ich feststellen, daß mein Vorgesetzter an den Tisch des Inhabers gebeten worden war. Ich hatte also meinen Auftrag nicht ausgeführt. Noch am gleichen Abend konnte ich die fatalen Folgen meiner Nachlässigkeit beobachten. Mein Vorgesetzter wurde zusehends betrunkener und hing beim Tanzen der Frau des Inhabers der Firma auf der Schulter. Als ich Liane von diesem Mißerfolg erzählte bekam Sie ein ungutes Gefühl im Bauch. Das verhieß nichts Gutes. Wie bereits erzählt, verließ mein Vorgesetzter kurz darauf die Firma.

Es wurde dann während meines Urlaubs ein neuer Mann eingestellt. Dieser begegnete mir, als ich aus meinem Urlaub zurück kam mit Ablehnung. Ich wußte nicht wie mir geschah. Von Woche zu Woche wurde es mit diesem Herren schwieriger. Auch in meiner Abteilung hatte sich das Klima verändert. Das einige Mitarbeiter, wenn ich zu meinem Geburtstag etwas ausgegeben habe sich strickt weigerten von mir etwas anzunehmen, damit konnte ich leben. Daß ich aber jetzt förmlich die Ablehnung spürte, daß bereitete mir Unbehagen.

Irgendwann in dieser Phase bat man mich zum Gespräch und teilte mir mit, man wolle mich los werden. Dieses schreckliche verletzende Gespräch wurde von unserem Betriebsleiter dem Einschüchterer durchgeführt.

Ich wollte mir meine Antwort überdenken und vereinbarte einen neuen Gesprächstermin am Tag darauf. Ich hoffte insgeheim von Gott über Liane Rat zu bekommen. Bei meinem Telefonat am Abend kamen auf meine Frage, was ich jetzt noch tun könnte folgende Empfehlungen, wie ich das Gespräch führen sollte. Ich sollte sagen und tat es auch.

Herr F. , ich gehe nicht davon aus , daß man diesen Schritt rückgängig machen kann. Ohne, daß einer das Gefühl hätte sein Gesicht zu verlieren. Wahre Größe beweist aber der, der bereit und in der Lage ist eigene Fehler zuzugeben. Ich weiß, daß ich nicht vollkommen bin. Ich würde gerne, wenn man bereit wäre eigene Fehler einzugestehen, nach wie vor meine Kraft meinen Mut und meine Ideen Ihrem Unternehmen zur Verfügung stellen.

Denn mich verabschieden, verabschiedet das Problem nicht.

Abhängig von dem Verlauf des Gesprächs wurden mir weitere Kernsätze übermittelt. Sätze die ich bei Bedarf und nach meinem Gefühl verwenden sollte oder nicht. So zum Beispiel.

Ich hoffe das noch mehr in der Lage sind sich das ein zu gestehen.

Könnte es nicht viel eher so sein, daß für meine Entlassung nur materielle Gründe eine Rolle spielen.

Ich frage mich, bin ich denn der einzige im Unternehmen der noch ein Rückrat hat.

Macht man es sich nicht zu leicht, jemanden gehen zu lassen , nur weil er im Recht ist und für sein Recht gerade steht.

Doch was ich auch vortrug, selbst die vom Himmel gegebenen Worte konnten diesen Menschen nicht erreichen. Wie weit muß sich ein Mensch von Gott entfernt haben, wenn ihn diese Worte nicht anrühren können. Ich hatte mein himmlisches Pulver verschossen, doch es blieb dabei, man wollte mich unbedingt los werden.

In meiner Not wendete ich mich mit einem Brief, der mir in die Feder diktiert worden sein muß, an den Inhaber des Unternehmens.

Sehr geehrter Herr V.,

seit Januar 1990 bin ich in Ihrem Unternehmen als Gruppenleiter tätig.

Die an mich gestellten Aufgaben und zusätzlichen Mitwirkungsmöglichkeiten am Aufbau und Erfolg Ihres Unternehmens haben mich voll gefordert und sehr interessiert. Es gab zwischenzeitlich dieses oder jenes Problem, deren Lösungen meine Mitarbeiter und ich erarbeitet haben.

Der deutliche Anstieg der Leistung in meiner Abteilung ist nachweislich über das ganze Jahr bemerkbar gewesen. Ich habe nichts unversucht gelassen, um das Niveau und die Disziplin zu heben. Und das nicht nur in meiner Abteilung.

Mit Bestürzung habe ich die Umgangsformen in diesem Hause zur Kenntnis genommen. Die Punkte, bei denen ich Handlungsbedarf für ein besseres Betriebsklima gesehen hatte, habe ich schriftlich eingereicht.

Ich bin, so glaube ich, meinen Mitarbeitern immer ein gutes Vorbild gewesen. Leider teilte man mir am 11.12.1990 mit, daß man auf meine weitere Mitarbeit verzichten will, da ich Unrecht gegen meine Mitarbeiter nicht zu lasse, und erwarte, daß man mich von Seiten meiner Vorgesetzten gerecht und fair behandelt.

Man verlangt von mir, daß ich zusätzlich unentgeltlich Überstunden leiste. In meinem Vertrag ist von unbezahlten Überstunden überhaupt keine Rede.

Daß heißt nicht, daß ich keine Überstunden machen will, aber nur gegen Bezahlung oder Freizeitausgleich. Ich wußte nicht, daß es nicht genehm ist, wenn ich meine Aufgaben in der regulären Arbeitszeit nachkomme.

Das Fortkommen Ihres Unternehmens liegt Ihnen hoffentlich so sehr am Herzen wie mir. Es ist bedauerlich, daß Ihre für Personalführung zuständigen Geschäftsführungskollegen aufrechte Mitarbeiter, die höflich auf Mißstände hinweisen, nicht zu schätzen wissen.

Gerade in der heutigen Zeit des Umbruchs sollte man sich bemühen neuen Ideen aufgeschlossen gegenüber zu stehen. In meinen Schreiben und Eingaben habe ich mir erlaubt auf festgefahrene Strukturen, die dem Unternehmen mehr schaden als nützen hinzuweisen.

Ein gesundes Unternehmen braucht Mitarbeiter die mutig und motiviert sind. Und ihre Meinung sagen dürfen.

Ich gehe nicht davon aus, daß man diesen angedrohten Schritt rückgängig machen kann. Denn das würde ja bedeuten, daß jemand den Mut aufbringen muß offen zu bekennen einen Fehler gemacht zu haben.

Wahre Größe beweist nur der, der in der Lage ist eigene Fehler einzugestehen.

Ich weiß von mir selbst, daß ich nicht vollkommen bin.
Ich würde gerne, nach wie vor meine Kraft meinen Mut und meine Ideen Ihrem
Unternehmen zur Verfügung stellen.
Denn mich zu verabschieden, verabschiedet das Problem nicht.

Doch der Inhaber selbst wollte sich diesem Problem nicht stellen. Er stellte sich ein
Armutszeugnis aus. Er übergab die Angelegenheit meinem ach so liebenswürdigen
Betriebsleiter Herrn F.. Damit war ich also wieder an der selben Stelle.
Ich mußte erkennen, daß die Engel und Gott selbst hier auf verlorenem Posten kämpften.
Es wurde noch spannender aber leider auch schmutziger.
Alle die etwas gegen mich hatten, schlossen sich zu einem Lynchkomando zusammen
und sägten an meinem Stuhl. Mann durchstöberte meinen Schreibtisch, wenn ich nicht
da war. Man fand darin Kopien von Schriftstücken, die sich auch in den Personalakten
befanden. Daß ich die meisten Unterlagen von meinem Vorgänger übernommen hatte
zählte für meine Gegner nicht. Nicht Wissen schützt vor Verleumdung nicht. Das
Kesseltreiben hatte begonnen und endete damit, daß man mir meinen Vorgesetzten mit
der Kündigung zu mir nach Hause schickte. Ich war gerade wieder in Urlaub.
Für Christine war das mit Sicherheit nicht einfach. Man versuchte mich zu entlassen, als
wir gerade unseren Sohn bekommen hatten. Wieder war Christine die Haupt
Leidtragende.
Kurz vor der Entbindung hatte man mir in einem Gespräch nahe gelegt die Firma zu
verlassen. Auf dieses Ansinnen hin schrieb ich den zuvor aufgeführten Brief an den
Inhaber der Firma. Ich kam zu spät dahinter, wer meinen Sturz maßgeblich betrieben
hatte. Einer meiner Vorarbeiter engagierte sich seit einiger Zeit wieder für das Museum
der Firma. Wie ich hinterher erfuhr wußte dieser ganz genau, daß er damit bei meinem
Zopf tragenden Inhaber und Chef offene Türen einlief. Mit Sicherheit hat sich dieser
Vorarbeiter abfällige Bemerkungen über seinen unbequemen Vorgesetzten beim Inhaber
nicht verkneifen können. Heute ist diese Art von Intrigen Spiel unter einem neuen Wort
geläufiger: Mobbing. Die erste Kündigung wurde auf Wirken des Betriebsrates
zurückgezogen. Es verging nicht viel Zeit bis mir die nächste Kündigung zugestellt
wurde. Von meinem Vorgesetzten. Dieser Herr fühlte sich, so schien es, wohl in der
Rolle des Laufburschen des Betriebsleiters.
Diese zweite Kündigung konnte vom Betriebsrat nicht mehr unwirksam gemacht
werden.
Ich ging also zum Rechtsanwalt und reichte Kündigungsschutzklage ein.
Das mein von der Gewerkschaft gestellter Anwalt Frau Engel hieß, war natürlich wieder
reiner Zufall. Oder vielleicht nur eine nette Geste des Himmels.
Es kam zu dem Termin. Als ich in den Sitzungssaal kam staunte ich nicht schlecht den
Richter bereits zu kennen. Es war der Richter der meine Klage wegen des
Weihnachtsgeldes abgewiesen hatte. Sie erinnern sich, daß ich zu meiner ersten Klage
bei meiner vorherigen Stelle von den Engeln gedrängt wurden. Damit zeigt sich wieder
wie lange im Voraus von den Engeln alles geplant wird und wie vorhersehbar die
Entwicklung und das Verhalten bestimmter Menschen für die Himmlischen ist.
Meine Gegner waren auch zum Termin erschienen und nutzten die Zeit um sich in einer
anderen Verhandlung unterhalten zu lassen. Das diese dann zu meiner Verhandlung zu
spät kamen war für mich von Vorteil. Der Richter fragte mich, in deren Abwesenheit, ob
wir uns nicht kennen würden. Ich deutete an weswegen ich schon einmal vor Ihm stand.

Er erinnerte sich sofort und sagte, das er es bedauerte damals nichts hätte für mich tun können.

Nachdem er sich beide Seiten kurz angehört hatte, riet er mir einer Auflösung des Arbeitsverhältnisses zuzustimmen. Er sagte mir: auch wenn Sie hundertmal Recht hätten, man würde immer wieder in der Firma versuchen sie Herr Meyer mit allen Mitteln los zu werden.

Er schlug einen Vergleich vor. Meinem Betriebsleiter machte er unmißverständlich klar wie er über die ganze Angelegenheit dachte. Der Vergleich zeigte deutlich, auf wessen Seite er Unfairneß sah. Meine Firma mußte nach diesem Spruch einiges an Wiedergutmachung an mich leisten. Eine ganz beachtlich Abfindung, drei Schulungen, ein wohlwollendes Zeugnis und eine um ein halbes Jahr verlängerte Kündigungszeit.

Ich begab mich also auf die Suche nach einem neuen Arbeitsplatz. Doch auch das halbe Jahr Verlängerung der Kündigungszeit half mir nicht weiter. Ich bekam Absagen über Absagen.

In die Firma ging ich nur noch um meine Zeit abzusitzen. Ich hatte soviel Zeit, daß ich mir einige Dinge noch genauer ansehen konnte. Ich entdeckte dabei, daß meine Vorarbeiter und zwei meiner ärgsten Feindinnen die Firma zu Ihrem persönlichen Vorteil regelmäßig betrogen hatten.

Ich meldete diese Vorgänge und schaltete auch den Betriebsrat ein. Für meine Vorarbeiter hatte dies erhebliche finanzielle Einbußen zur Folge. Beide hatten sich monatlich ein Brutto Zusatzeinkommen von ca. DM 1000,-- erschlichen. Dies fiel von einem Monat auf den Nächsten weg. Ich gebe zu, ich habe es genossen beiden Ihre Taten auf diese Weise ein wenig zu vergelten. Für die Mitarbeiterinnen so schien es hatte die Betriebsdatenverschleierung keine unmittelbaren Konsequenzen. Aber für mich. Von diesem Punkt an sollte ich noch nicht einmal mehr die Lohnabrechnung durchführen. Man hatte mich mittlerweile völlig kalt gestellt. Ab dann hatte ich so gut wie gar nichts mehr zu tun. Ich ging zum neuen Personalreferenten und bat um Freistellung vom Dienst. Meiner Bitte wurde sofort entsprochen. Nun hatte ich auch noch bezahlten extra Urlaub.

Bei den Seminaren die mir auf Weisung des Arbeitsrichters bezahlen mußte, und die ich mit Interesse und Eifer absolvierte, lernte ich einen Unternehmensberater kennen. Dieser erfuhr von meiner Situation und fragte mich, ob ich mich nicht einmal bei einer Versicherung vorstellen wollte. Ich griff nach jedem Strohhalm der sich mir bot. Doch nach dem Vorstellungsgespräch wußte ich sofort, für eine Versicherung zu arbeiten war nicht das was ich mir erhoffte.

Kapitel 23 - Wie weltliche Sorgen und Eifersüchteleien geistigen Aufstieg behindern können.

Nun muß ich leider auch eine Entwicklung in unserer Beziehung zu unserem Sprachrohr Gottes beschreiben die mir unangenehm ist. Ich bedaure diese Entwicklung wirklich, die sich da vollzog sehr. Um es ganz kurz zu machen. Wir ließen ab einem gewissen Zeitpunkt einfach immer weniger von uns hören. Die Gründe dafür waren vielschichtig. Zu aller erst beklagte sich Christine immer mehr darüber in dieser Beziehung zu kurz zu kommen. Nicht, daß sie nicht genug Aufmerksamkeit von Liane erhielt. Nein, von mir.

Ich wendete mich in Ihren Auge viel zu oft und zu schnell mit meinen Sorgen und Nöten an unser Sprachrohr. Ich gab Ihr nie die Gelegenheit mir Ihren Rat zu geben. Vielen geht es heute auch noch so, besonders in unserem Verwandschaftskreis, in dem Liane Ablehnung erfährt. Nicht als Mensch, aber als das Sprachrohr Gottes. Viele können nicht erkennen, daß wenn ich erzähle Liane hat gesagt etwas ganz anderes gemeint ist. Es müßte eigentlich heißen Gott sprach über Liane zu mir oder zu uns. Denn Ihr wäre es wohl kaum möglich die von Ihr vorhergesagten und versprochenen Dinge in die Tat umzusetzen.

Heute bekennt Christine zu all dem ehrlich, daß sie einfach auch ein bißchen eifersüchtig war. Nicht auf Liane als Frau. Aber auf mein unerschütterliches Vertrauen zu Ihr und dem was uns über sie mitgeteilt wurde. Das daß von Gott kam oder auf seine Weisung hin an uns weitergegeben wurde, war weder ihr noch mir in voller Tragweite bewußt. Wir nahmen dieses unangenehme Kapitel meiner verlorenen Arbeit viel zu ernst. Ich hatte das Gefühl versagt zu haben. Gottes Beistand verloren zu haben.

Christine hatte hautnah miterleben können, wie sehr ich gelitten habe. Besonders unter den böswilligen Verleumdungen. Und das mir das geschehen durfte, der ich das Gute für die Leute und die Firma wollte. Letztlich machte sie auch die Empfehlungen von Liane für den Verlust meines Arbeitsplatzes verantwortlich und somit also auch Gott. Hätte ich meine Mitarbeiter gewähren lassen, und all das Unrecht geduldet, hätte ich mir nie so viele Feinde gemacht. Aber für die Gerechtigkeit und Ordnung einzutreten fordert oft einen hohen Preis. Bringt aber im Gegenzug enormen geistigen Gewinn. Und zahlt sich in der Zukunft auch wieder aus, aber darüber werden sie bald lesen können. Es lag nicht an Gott. Gott hat bestimmt nicht gewollt, daß mich meine Mitarbeiter, Kollegen und Vorgesetzten so schlecht behandeln. Aber alle Menschen haben das Recht anderen und letztlich dadurch sich selbst ernsthaften Schaden zuzufügen. Denn wir alle haben das große Geschenk von Gott erhalten unseren freien Willen. Mit diesem freien Willen können wir gut oder schlecht umgehen. Nur die Verantwortung für die Entscheidungen müssen wir natürlich auch übernehmen.

Diese Funkstille, die wir gewollt hatten begründeten wir vor uns selber mit vielen kleinen menschlichen Fehlern auf der Gegenseite. Wie zum Beispiel, daß unsere Bitte uns doch auch endlich ab und an zu besuchen nie entsprochen wurde.

In der ganzen Zeit waren wir vielleicht zweimal von Liane besucht worden. Wir fühlten uns einfach nicht gut behandelt. Zumal dies, mit allen unsere Bekannten und Familienangehörigen schon seit Jahren auch so lief. Wir besuchten, erhielten aber äußerst selten einen Gegenbesuch.

Durch eine vorübergehende Krise zwischen Liane und Karin wurde unsere Trennung noch begünstigt. Christine schlug sich, wie ganz natürlich auf die Seite Ihrer Mutter. So konnte es geschehen, daß unsere Sendepause, so lange andauerte. Schade um die vertane Zeit, ohne Gottes direkte Führung.

Ich gab um meines ehelichen Friedens willen nach und fragte nicht mehr bei Liane unserem Sprachrohr Gottes um Rat.

Kapitel 24 - Geduld und Festigkeit im Glauben muß bewiesen werden.

Ich schied also aus der Firma zum richterlich gesetzten Termin aus. Leider hatte ich aber immer noch keine Arbeit. Meine Gebete zu Gott wurden immer einseitiger und drängender.

Nur es tat sich nichts. Keine Vorstellungsgespräche nichts.

In unserer Verzweiflung kamen wir nach einiger Zeit an einen kritischen Punkt. Wir überlegten uns doch noch einmal zur Kartenlegerin zu gehen. Unser Sprachrohr wollten wir nicht befragen. So vereinbarte ich einen Termin. Christine und ich gingen zu Ihr und hatten wieder eine sehr schöne Sitzung. In deren Verlauf die Versicherungsbranche ausgeschlossen wurde. Bei diesem Thema sah die Uppi mich mit einem Schulranzen auf dem Rücken. Ein Bild das Ihrer Meinung nach nur bedeuten konnte. Noch mal Ausbildung und wenig Einkommen. Zu meiner neuen beruflichen Aufgabe sagte Sie. Die wird Ihnen von ganz unerwarteter Seite überraschend zugetragen. Sie sah mich dann Karriere machen. Und Sie würde das Bedürfnis verspüren gnädiger Herr zu mir zu sagen. Ich sollte mich aber nicht wundern wenn es soweit ist. Eine Karriere kann auch in der Registratur beginnen.

Nun zogen wir beruhigt von dannen und warteten. Es vergingen Wochen und es ereignete sich nichts.

Bis zu dem denkwürdigen Tag, als ich wieder einmal beim Arbeitsamt vorgesprochen hatte.

Die Stellenvermittlung hatte nichts für mich. Als ich das Haus verließ sprach mich ein gepflegter sympathischer Herr an. Im Laufe des Gesprächs teilte dieser mir mit daß er für den Außendienst noch Leute suchen würde. Wir verabredeten einen Termin bei mir zu Hause um das Gespräch zu vertiefen.

Nach dem Gespräch war mir nicht ganz Wohl bei der Vorstellung mit Staubsaugern von Tür zu Tür zu gehen. Ich rief also bei Frau U. an. Ich fragte ob dies denn nun meine Stellung sei auf die ich schon so sehnlichst gewartet habe. Sie sagte nur ganz kurz, machen sie das doch, bevor ihnen noch die Decke auf den Kopf fällt. Haben Sie schön aufgepaßt. Ja ? Ich damals nämlich nicht. Ich hatte gar nicht bemerkt, daß die Uppi meine Frage gar nicht direkt und zustimmend beantwortet hatte.

Nun, wie dem auch sei, ich begann Staubsauger zu verkaufen. Eine Sache die mich ungeheure Überwindung gekostet hatte. Von Tür zu Tür gehen und meistens unfreundlich und kurz abgefertigt zu werden. Bis Weihnachten konnte ich mich ganz gut über Wasser halten. Ich verkaufte sogar in der Vorweihnachtszeit ziemlich gut. Daß, obwohl alle Profi Verkäufer so Ihre Schwierigkeiten mit der Vorweihnachtszeit hatten. Nur im Januar dann, war für mich kaum noch ein Blumentopf zu gewinnen.

Mein Auto verweigerte dann auch noch mehrfach ohne ersichtliche Grund den Dienst. Auch die Pannenhelfer vom ADAC konnten sich nicht erklären, warum mein Auto manchmal nicht wollte. Das war ich von meinem Anton einfach nicht gewohnt. Anton, so hatte ich meinen alten rostenden Daimler genannt. Es schien fast so, als gefiel Ihm auch nicht zu welcher Arbeit ich immer mit Ihm fuhr. Oder er reagierte einfach auf mein Unwohlsein und mein Unzufriedenheit.

Alle Kollegen versuchten mir zu helfen und gingen abwechselnd mit mir auf die Treppe. Bei einigen sah ich Verkaufswege, die ich einfach nicht umsetzen konnte.

Ich wollte ehrlich und fair verkaufen. Lügen und Betrügen wollte ich nicht. Ich wurde dann noch einer anderen Truppe zugeteilt. Aber auch dort, wo wesentlich sauberer verkauft wurde konnte ich nicht an meine Erfolg in der Weihnachtszeit anknüpfen.

Irgendwann so im Februar rief mich mein Bruder Arne an und sagte, er hätte über eine

Anzeige eine Arbeit gesucht. Bei dieser Gelegenheit meldete sich ein Herr bei Ihm, der Ihm eine Stelle anbot. Arne wollte aber beruflich in eine andere Richtung als die angebotene. Bei dem Gespräch sprach man noch andere Möglichkeiten durch. Es war aber nichts dabei was meinem Bruder zusagte. Eine der besprochenen Tätigkeiten kam meinem Wissen und meiner Fachrichtung recht nahe. Kurz und gut Arne erzählte diesem Herr von mir. Dieser bat darum, daß ich mich doch einfach einmal bei Ihm melden sollte. Dies tat ich sofort. Mir fiel sofort ein, was mir Frau U. gesagt hatte. Mir würde jemand, den ich bereits kenne, eine neue Aufgabe überraschend zu führen. Oder mir meine neue Arbeit ins Haus bringen.

Ich rief dort an und unterhielt mich mit dem Herren. Über meinen beruflichen Werdegang und so weiter. Bei dem darauf folgenden Vorstellungsgespräch machte ich auch kein Geheimnis aus meinen Erfahrungen bei meiner letzten Arbeitsstelle.

Nach dem Gespräch war ich mir sicher einen neuen Job zu bekommen. Ich wußte nur noch nicht wann. Ich telefonierte noch einige Male mit meinem neuen Hauptchef um zu erfahren, wann es denn los gehen könne. Christine und auch meine Mutter sagten, daß wird doch nie was. So oft wie Du schon mit diesem Herren telefoniert hast. Und immer wieder nur wage Versprechungen. Beim letzten dieser Telefonate gegen Ende März geschah das für alle anderen unglaubliche. Mein neuer Hauptchef fragte mich ob ich nicht am kommenden Montag anfangen könnte. Das Telefonat fand an einem Freitag statt.

Ich hatte also einen neuen Job. Den alten Job konnte ich ohne Schwierigkeiten von heute auf morgen beenden. Denn ich war so etwas wie ein Unternehmer im Kleinen und nicht fest angestellt.

Bei meinem Vorstellungsgespräch hatte ich nur in einem Punkt die Unwahrheit gesprochen. Mein Englisch war nicht gut, sondern katastrophal schlecht. Ich hoffte darauf mich durchmogeln zu können, oder besser auf verborgenes Wissen in mir zurück greifen zu können. Die Uppi hatte mir nämlich beim letzten Legen der Karten auch noch gesagt: Ich könnte über sehr viel Wissen verfügen, oder es aus den Tiefen meines Ichs hervorholen. So oft, wie ich schon gelebt hatte, hätte ich einen erheblichen Wissensvorrat.

Mir fiel bei dieser Arbeit dann später auf, wieviel ich mit Registraturmappen zu tun hatte. Die Uppi hatte also wieder Recht behalten. Warum nicht in der Registratur eine Karriere beginnen.

Kapitel 25 - Der verlorene Sohn findet den Weg zurück.

Mir gelang es im ersten viertel Jahr alles zu erlernen was ich für meine neue Arbeit brauchte. Das Wesentliche von dem, was im kaufmännischen Bereich eben so täglich anfällt.

Mein Chef war des Lobes voll, über meine Arbeit und meinen Fleiß. Mit meinen Kollegen kam ich wunderbar aus. Alles liebe Menschen, die es mir leicht machten meine zuletzt gemachten Erfahrungen mit Menschen schnell zu vergessen.

Alles lief gut. Wir erholten uns finanziell. Es stand dann irgendwann wieder einmal Lianes Geburtstag vor der Tür. Ihr sechzigster. Wir ließen es uns nicht nehmen mit unseren beiden Kindern zum Gratulieren zu fahren. Wie wir bei unserer Ankunft begrüßt wurden, mit soviel Freude und Herzlichkeit. Nach der fast zweijährigen Sendepause machte uns verlegen auch gleichzeitig glücklich. Liane war so deutlich, wie nie zuvor die Freude anzusehen.

Es dauerte auch gar nicht lange, da wurde dem verloren geglaubten Sohn Gottes Gnade wieder zuteil.

Wir waren bei einer Familienfeier und hatten unsere Kinder bei meinen Eltern gelassen. Wir halfen beim Dekorieren und meine Eltern wollten mit den Kindern nachkommen. Es kamen alle Gäste nur meine Eltern fehlten noch. Wir unterhielten uns darüber was für eine Auto ich mir kaufen wollte. Liane, die auch da war, deutete vorsichtig an, ich könne mich doch bei den japanische Autos nach einem schönen Jahreswagen umschauen. Ich sagte Ihr sofort Jahreswagen bei Japanern wären schwer zu bekommen. Oder sogar fast unmöglich. Liane die Arme, die sich mein Geschwätz anhören mußte, platze fast. Sie hatte für mich bereits wieder ein Bild empfangen und wollte eigentlich nicht mit der Sprache heraus. Sie hatte ein wenig Angst den verlorenen Sohn und Schüler gleich wieder zu verlieren, wenn sie sich unaufgefordert einmischt. Aber es half nichts, sie mußte es mir sagen. Es wollte einfach gegen Ihren Willen gesagt werden. Sie platzte also damit heraus, daß Sie ein silbernes H wie Honda vor sich sehen würde. Ich war überhaupt nicht begeistert. Hatte mir doch unser Sprachrohr vor langer Zeit versprochen als ich mir unbedingt den weißen Mercedes kaufen mußte, daß ich mir mein Auto auch einmal selber aussuchen könnte. Ich hab es zwar damals genossen einen Mercedes zu fahren, aber für den Gebrauchtwagenpreis plus die aufgelaufenen Reparatur- und Wartungskosten hätte ich gleich einen kleineren Neuwagen kaufen können. Sie sagte dazu einfach wenn ich Sie darauf ansprach: Die Engel haben sich dabei bestimmt etwas gedacht. Es war wohl damals das Auto in dem du am besten beschützt und welches für deine geistige Entwicklung das bestmögliche gewesen ist. Dein Selbstbewußtsein hat dadurch damals bestimmt einen gehörigen und notwendigen Schubs bekommen.

Während dieses Gesprächs wurden wir, Christine und ich, immer unruhiger. Meine Eltern waren mit den Kindern längst überfällig. Unser Sprachrohr bemerkte unsere Unruhe und bekam von den Engeln mitgeteilt, daß meine Eltern herum fuhren und das Haus nicht finden konnten. Auf Ihr Drängen gingen wir auf die Straße. Christine, Liane und ich gingen jeweils in eine andere Richtung. Es dauerte wenige Ampelphasen, bis ich das Auto meiner Eltern entdeckte.

Meine Eltern sagten zwar, sie wären gerade erst angefangen zu suchen. Allein so ganz glauben wollte und konnte ich es ihnen nicht. Zumal die Kinder uns das ganz anders wiedererzählten.

Dies waren die ersten Bilder nach unserer Trennung von Liane. Von unserer Verbindung zu Gott. Das diese von Gott waren, war uns aber damals immer noch nicht ganz klar. In unserem Gefühl von Unbedeutung vor IHM, hatten wir nicht zu ende gedacht. Wenn uns die Engel begleiten und einige Engel sich darum bemühten, uns über unser Sprachrohr mit zu teilen, was gewünscht, von uns erhofft wird und was für uns das Beste ist. Wie begrenzt ist dann unsere Vorstellung von Gott. Begrenzt, wenn wir denken es könnte etwas auf Erden oder im Himmel geschehen, ohne das ER unser Vater Gott davon wüßte.

Wie groß ist Gottes Liebe für uns. Wir haben sein Geschenk über ein Medium, wie Liane, mit IHM sprechen zu können zu einem bestimmten Zeitpunkt abgewiesen. War er uns deswegen böse. Nein. ER hat einfach abgewartet bis wir an die Quelle zurückkehren. Und als wenn nie etwas gewesen wäre. ER hat sofort wieder zu uns gesprochen und geholfen. Keine Vorwürfe nichts. Nur Liebe. DANKE Vater Gott!

Christine drängte am nächsten Tag darauf zu einem Honda Händler zu fahren. Unser Sprachrohr hatte Christine gebeten, den Wagen zu suchen. Unser Sprachrohr war sich sicher, Christine würde das Auto sofort erkennen und erfühlen. Wir fuhren also zum Händler. Christine lief durch die Reihen um das Auto zu finden. Ich schaute mir mit den Kindern Neuwagen an. Bis Christine auf mich zu kam. Sie rief mir zu: Nun komm doch schon, dahinten steht einer. Ich glaube der ist es. Ich war immer noch ein bißchen bockig, weil ich mir schon wieder mein Auto nicht aussuchen durfte. Aber ich sah mir den Fund, dann doch an. Ein wirklich 1A gepflegter zwei Jahre alter Wagen. Christine hatte Recht, wenn Sie sagte, daß Auto strahlte richtig.

Ich ging am nächsten Tag zum Händler und sagte ich wolle diesen Wagen haben.

Ich erfuhr, daß dieser Wagen von einer Frau gefahren worden war, die sich alle zwei Jahre einen Neuen kaufen würde. Ein so gut gepflegtes Auto hätte er sehr selten zu verkaufen. Als ich den Wagen abholte hörte ich noch im Vorbeigehen wie sich zwei Angestellte über mich unterhielten. Schau mal, der hat diesen silbernen super gepflegten Accord gekauft.

Ich war im siebten Himmel einen so schönen fast neuen Wagen mein Eigen nennen zu dürfen.

Kapitel 26 - Von Wundern, Prophezeiungen und Fügungen.

Zum besseren Verständnis möchte ich auch noch etwas zu den Empfehlungen von Oben sagen. Ich habe nie ernsthaft versucht meinem eigenen Wollen den Vorrang zu geben. Denn ich wußte schon von Liane, wie es einem ergehen kann, wenn man den lieben Rat der Engel in den Wind schlägt. Liane hatte schon vor unserer Zeit hellsichtige Momente. Bei diesen Momenten sah Sie für eine Ihr nahestehende Person ein Auto in einer bestimmten Farbe. Aber anstatt dieses Auto zu suchen, kaufte diese Frau einmal einen anderen Wagen in einer anderen Farbe. Erst wurde der Wagen aufgebrochen, dann wurde der Wagen gestohlen. Dann erst fragte diese Frau bei Liane nach. Ich gebe auf, wo kann ich denn mein Auto finden. Liane konzentrierte sich auf das Bild. Sie konnte dieses Bild nochmals aufrufen. Was sie aber nicht konnte war, näher herangehen. Sie versuchte es mehrmals. Aber es ging nicht. Also suchte diese Frau den Wagen mit dem komischen Grün, der in der Reihe vor dem Händler der dritte von links sei. Nachdem sie das Auto gefunden hatte, war sofort klar warum Liane nicht näher heran konnte. Vor dem Händler war eine kleine Mauer, die Liane nicht sehen konnte. Deshalb konnte Sie in der im Geiste nachempfundenen Situation auch nicht näher herantreten. Solche geschilderten Erlebnisse genügten mir vollkommen, um mich zu fügen und zu machen was von Oben empfohlen wurde. Meine eigenen Erfahrungen hatten mich zudem gelehrt, die Durchgaben ernst zu nehmen und so schnell wie möglich aus zu führen. Daß, was dann aus diesem folgsam und gehorsam sein für mich wurde, ist eine Häufung von Wundern.

Seltsamer Weise kamen diese Durchgaben über unser Medium nur für uns so häufig. Für Ihren eigenen Sohn mit dem das Verhältnis nicht zum Besten stand gab es in der ganzen Zeit keine Durchgaben von Oben. Was Liane manchmal traurig machte. Es gab mal ein Bild im Zusammenhang mit mir, aber dieses ist bis heute noch nicht eingetroffen, aber wir geben die Hoffnung nicht auf. Einige der Menschen mit denen Liane sonst noch bekannt oder befreundet war, erhielten über sie auch Durchgaben. So zum Beispiel für

Karin, die Uppi und sogar für einige von unseren Bekannten mit denen Unser Sprachrohr überhaupt nichts zu tun hatte. Nur so viel, wie für uns erhielt kein anderer. Ich muß auch ganz ehrlich und deutlich bekennen, daß ich nicht glaube mir diese Aufmerksamkeit in diesem Leben verdient zu haben. Es muß also eine andere Erklärung für diesen göttlichen Segen geben. Einen Teil all der Wunder, die mir wieder fahren sind, verdanke ich bestimmt meinen Leistungen aus zurückliegenden gelebten Leben. Die anderen Wunder die ständig großer wurden, verdanke ich nach Lianes Einschätzung meiner Mitarbeit. Meinem Vertrauen und meiner Bereitschaft aus diesem Vertrauen heraus Wagnisse auf mich zu nehmen. Was nicht heißt, daß mich diese Aufträge nicht Überwindung gekostet haben. Da waren so einige dabei, bei denen ich heute noch nicht weiß, wie ich soviel Mut aufbringen konnte. Aber es kommt mir so vor, als wenn mit jedem erfolgreich erledigten Auftrag die Sicherheit und das Vertrauen nach Oben bei mir größer wurde. Auch wenn es manchmal sehr anstrengend ist und viel von mir verlangt wird. So kann ich mir heute nicht mehr vorstellen ohne dies alles zu leben. Es ist spannender und aufregender als jeder Krimi. Man lernt dabei auf diese beschriebene Weise auch noch so unendlich viel. Es wächst ein Reichtum in der Seele, den ich gegen nichts auf dieser Welt eintauschen möchte. Die kleinen Dinge des Alltags, haben einen viel höheren Stellenwert bekommen. Wie freue ich mich heute über jedes nette Wort, was mir Fremde, Nachbarn, Kollegen, Bekannte oder Freunde sagen. Wie gut fühlt man sich, wenn man eines Tages überrascht feststellt, daß einem die netten Worte, heute, selber wie selbstverständlich und ganz locker über die Lippen gehen. Wir nennen diese Dinge Wunder, die Sie bereits gelesen haben und noch lesen werden Wunder. Lianes Sohn Heinz sagte, nachdem er meinen Rohentwurf zu diesem gelesen hatte: Das sind für mich alles keine Wunder. Solche Dinge und Zufälligkeiten passieren mir und vielen anderen Menschen auch. Liane erwiderte darauf: Das stimmt, daß das anderen Menschen auch passiert. Aber wenn man diesen Dingen und Zufälligkeiten keine Beachtung schenkt. Welchen Wert haben diese dann. Lianes Sohn Heinz räumte daraufhin ein: Stimmt, gar keinen Wert.

Kapitel 27 - Scheinbar steckt hinter dem Fehlverhalten anderen oft für einen selber sogar ein Sinn.

Wir hatten dieses fast neue Auto nicht sehr lange, als auf Christines Seite jemand das Auto beschädigt hatte. Wir hatten in einer dafür vorgesehen Parkbucht geparkt. Auch hatten wir keinen behindert oder die zulässige Parkzeit überschritten. Und doch, als wir wieder zu unserem Auto kamen, hatte uns jemand einen fast einen Meter langen Riß in den Lack gezogen. Seltsamer Weise blieb ich zu Christines Erstauen ruhig und emotionslos. Christines brach im Auto in Tränen aus. Sie sagte unter Tränen: Warum passiert gerade uns so etwas? Wir tun doch keinem etwas? Wo sind denn unser geistigen Beschützer gewesen? Ich sagte darauf nur: Ich verstehe das jetzt zwar auch nicht, aber warum soll ich mich darüber aufregen. Das macht das Auto auch nicht wieder heil. Ich bedaure diesen Menschen, der das getan hat. Denn dieser wird dafür Wiedergutmachung leisten müssen. Auch dieser Mensch hat einen Engel der ihn begleitet. Der Engel konnte seinen Schützling nicht davon abhalten so etwas zu tun. Aber notiert wurde das. Ich möchte nicht in dessen Haut stecken. Genauso denke ich auch über die verwirrten jungen

Leute, die Wände mit Farbe besprühen oder auf andere Art anderen oder der Gesellschaft Schaden zu fügen. Alles was man tut, fällt unter das Gesetzt von Ursache und Wirkung. Diesen Brüdern und Schwestern kann ich nur Wünschen rechtzeitig einsichtig zu werden und Ihre Verfehlungen bereits hier in diesem Leben abzutragen. Nach dem Ableben soll das Wiedergutmachen länger dauern und ungleich schwerer sein. Seit dem ich so denke und empfinde, kann ich mit solchen Erlebnissen und Verlusten gut umgehen. Zumal solches einem auch immer wieder die Möglichkeit gibt sich selbst zu überprüfen. Hänge ich vielleicht zu sehr an meinem persönlichen irdischen Besitztümern. Habe ich mich in die geistige Abhängigkeit von weltlichem Besitz gebracht. Scheinbar war Christine noch nicht soweit, denn es passierte noch einmal ein solcher Vorfall. Ein Fahrradfahrer der sich über einen einparkenden Autofahrer sehr geärgert hatte, ließ seine Wut an meinem Auto aus. Wieder auf Christines Beifahrerseite. Der Täter wurde Gott sei Dank gestellt und ich bekam den Schaden ersetzt. Auch in diesem Fall bewahrte ich die Ruhe vergab und verzieh und betete für diesen armen Menschen. Wie schon ausgeführt, hatte dieser Mensch sich mit seiner Handlung schweren geistigen Schaden zugefügt. Und diesmal mußte ich diese für mich leichte Prüfung aber schwere für Christine nicht aus eigener Tasche zahlen. Leider lieben die Engel unser Geld nicht sehr. Deshalb ist bisher bei uns am Ende des Geldes immer noch soviel Monat übrig.

Kapitel 28 - Ist die Not am größten ist Gott am nächsten.

Nun zurück zu unserer wiedergefundenen Quelle Gottes. Wir sahen uns ab und an und wurden nun endlich auch in unseren eigene vier Wänden besucht. Wir trafen uns sogar in unregelmäßigen Abständen Sonntags um geistig zu arbeiten. Bei diesen Gelegenheiten diskutierten wir den Inhalt von Büchern oder unsere Tageserlebnisse. Es gab sogar einmal den besonderen Nachmittag als sich die Engel bemerkbar machten. Wir unterhielten uns gerade über die unvergessene Oma von Christine als mit einem Mal eine Kerze im Raum verlosch. Die Kerze stand weder in einem Luftzug noch war der Docht zu kurz oder die Kerze gar verbraucht. Sie ging einfach aus. Unser Sprachrohr konnte die Anwesenheit zahlreicher Engel spüren und wußte sofort, was diese Zeichen zu bedeuten hatte. Man gab uns damit zu verstehen, daß einer aus unserer Familie noch im Dunkel sitzt und unseres Gebetes bedürfe. Es ging dabei um Christines Großvater, der sich in seinem Leben hier belastet hatte.
Bevor wir unser regelmäßiges Treffen im Kreis eingeführt hatten gab es auf meiner Arbeit noch eine schwierige Situation zu lösen.
Mein damaliger Chef deutete immer öfter an, wie gespannt sein Verhältnis zu dem Hauptchef geworden war. Er hatte den Plan, den Produktbereich den er aus seiner Selbständigkeit mit ins Unternehmen eingebracht hatte, wieder heraus zu lösen. Er ließ mich in dem Glauben es sei zwischen ihm und dem Hauptchef in diesem Punkte Übereinstimmung. Um diese neue Existenz nicht zu gefährden und gut zu starten bat dieser Chef mich um Verschwiegenheit. Mein Hauptchef, der sich für mich nie besonders interessiert hatte und über den ich nur die wildesten Gerüchte gehört hatte, weckte in mir nicht das Gefühl von Vertrauen. So setzte ich auf meinen Chef und seine Bemühungen ein eigenes Unternehmen zu gründen. Ich wich also bohrenden Fragen meines Hauptchefs aus und blieb meinem Chef loyal. Mein Hauptchef versuchte sogar

mich mit einem Trick dazu zu bewegen selber zu kündigen. Worauf ich nicht wie erwartet reagierte. Ich machte meine eigene Kündigung davon abhängig, daß beide Chefs sich schriftlich einig wären. Diese Einigung sollte für mich so ausfallen, daß ich sicher wäre in der neuen Firma einen gesicherten Arbeitsplatz zu haben. Aber diese Einigung kam und kam nicht zustande. In der Zwischenzeit bemühte sich mein Chef Projekte zu verwirklichen, die der neuen Firma eine gesunde Existenzgrundlagen verschaffen sollten. Diese versuchte er vor dem Hauptchef zu tarnen um nicht dessen Gier zu wecken und um zukünftig möglichst viel vom Kuchen für sich selbst zu haben. Als dann mein Chef mir den Gesellschaftervertrag vorlegte, und mein Hauptchef gleichzeitig erfuhr was mein Chef hinter seinem Rücken tat, wurde für mich die Luft auch immer dünner. Ich berichtete unserem Sprachrohr von den Vorgängen und bekam wieder einen Auftrag von Oben. Dieser Auftrag bestand darin meinem Chef, der mich mit dem Gesellschafter Vertrag über das Ohr hauen wollte, folgendes zu sagen. Herr W. Ihren Weg der Halbwahrheiten und der Manipulation kann ich nicht mehr mitgehen. Ich fühle mich von Ihnen nicht gut behandelt. Erst wollten sie mir für meinen Treue und meinen Einsatz einen Anteil von 10 % an der Firma schenken und jetzt in dem Vertrag soll ich Ihnen das Geld dafür nach einer gewissen Zeit zurückgeben. In dieser Zeit wollen sie meine Anteile auch noch treuhänderisch verwalten. Nein Herr W. da kann ich nicht mehr mitmachen. Ich gehe jetzt zum Hauptchef und werde dort die Hosen runter lassen und offen bekennen was ich für Sie alles vor ihm verbergen sollte.
Beim Hauptchef sollte ich alles berichten was ich wußte und mich bereit erklären die Folgen für mein Verhalten zu tragen. Am Ende des Gesprächs sollte ich sagen. So Herr G... jetzt habe ich Ihnen alles gesagt, wenn Sie wollen, stelle ich Ihnen gerne meine Arbeitskraft weiter zur Verfügung. Wenn Sie mich noch haben wollen, dann bleibe ich gerne bei Ihnen.
Ich hatte ein sorgenvolles Wochenende hinter mir und brachte mit viel Aufregung im Bauch den Auftrag hinter mich. Ich verlor nicht meinen Posten, wie wir als eine mögliche Konsequenz befürchtet hatten. Der Hauptchef bat mich für seinen Anwalt meine Sicht der Ereignisse aufzuschreiben und meine Aufgaben wie bisher wahr zu nehmen.
Mir viel ein riesen Stein vom Herzen. Nach diesem Gespräch gab es noch ein kurzes Telefonat zwischen meinem Hauptchef und meinem Chef. Danach verließ mein Chef fluchtartig die Firma und das auf nimmer wiedersehen.
Ich sollte zwar noch in einem diesbezüglichen Verfahren aussagen, aber es kam nicht dazu. Man einigte sich vor Gericht ohne die Zeugen gehört zu haben.
Danach hatte ich ein tolles Jahr in dieser Firma. Ich erarbeitete eine satten Gewinn in meinem Bereich und fand zunehmend die Anerkennung meines Hauptchefs. Doch was ich auch mit der Unterstützung des Himmels in diesem einen Jahr anstellte. Mein Hauptchef war nicht in der Lage in mir mehr als einen einfachen Sachbearbeiter zu sehen. Er war leider durch seine vorherigen schlechten Erfahrungen mit den Menschen nicht mehr in der Lage Menschen zu vertrauen.
Ich durfte zwar einmal auf eine Geschäftsreise durch Deutschland und einmal auch nach Taiwan. Aber leider fuhr ich nach Taiwan ohne Ihn. Somit war auch diese Möglichkeit sich Kennen zu lernen nicht zustande gekommen. Es waren schon Gespräche vorbereitet. Gespräche in denen ich meinem Hauptchef Gelegenheit geben sollte zu erkennen, wer ich für Ihn und sein Unternehmen sein könnte.

Für mich zeigte diese Taiwan Reise zum Beispiel anderes, daß ich mit göttlichem Beistand alles lernen konnte. Ich bereitete mich wochenlang mit abendlichem Training der englischen Sprache und der Chinesischen Kultur auf meine Reise vor. Ich übte sogar mit Christine das Essen mit Stäbchen. Menschlich war meine Taiwan Reise ein voller Erfolg. Unser Agent in Taiwan wurde zu einem Freund in dieser Zeit. Er gab mir, einem der in der Schule mit Englisch auf dem Kriegsfuß stand den Spitznamen Talking Frog (Sprechender Frosch). Ich habe Ihm auf Englisch wirklich Löcher über sein Land, die Menschen und die Kultur in den Bauch gefragt.

Es gab auch dort Begegnungen die mich tief beeindruckt haben. So zum Beispiel machten wir am Wochenende eine Rundfahrt durch die Stadt und die Museen. In einem der besuchten Bauwerke fand gerade eine Ausstellung eines chinesischen Malers statt. Wirklich schöne Bilder, die zum Teil in der traditionellen Technik der Chinesen gemalt worden waren. Unser Agent konnte uns zu jedem Bild eine interessante Geschichte erzählen. Ich fand diese Bilder so schön, daß ich viele abfotographiert habe. Bei einem dieser Bilder stand ein älterer Mann mit einem Ordner davor. Ich ließ über unseren Agenten und Freund den Ordner fragen, ob wir von den Bildern Fotos machen könnten. Der Ordner sagte wir sollten den älteren Herren neben sich gleich mit fotografieren, denn dieser sei der Künstler der diese Bilder geschaffen hatte. Wir wurden dem Künstler vorgestellt und ich lobte Ihn für diese wundervollen Bilder. Ich ließ ihm ausrichten wie sehr es mich freute ihn kennen gelernt zu haben. Mein chinesischer Freund sagte mir hinterher, was ich für ein Glück gehabt hätte den Künstler persönlich getroffen zu haben. Dieser Künstler stellte seine Bilder, das erste Mal seit zwanzig Jahren in Taiwan aus. Er würde sonst in Hong Kong leben und arbeiten. Ich lächelte in mich hinein und dankte Gott für dieses Geschenk diese Begegnung.

Zuhause angekommen wuchs meine Unzufriedenheit mit meinem Job. Ich hatte meinem Hauptchef einen satten Gewinn eingebracht. Auf eine nun längst in meinen Augen überfällige Anpassung meines Lohns an meine Leistung bekam ich einhundertfünfzig Mark mehr. Von diesen einhundertfünfzig Mark wurde dann aber die tarifliche Erhöhung des Jahres 1996 abgezogen. Das war für mich wie eine Ohrfeige mitten ins Gesicht. Hatte doch mein Chef dessen Aufgaben ich zum großen Teil auch mit erledigte das doppelte meines Gehaltes zuvor verdient und noch dazu einen Firmenwagen mit privatem Nutzungsrecht gehabt. Nicht daß ich das meinem ehemaligem Chef und Vorgesetzten nicht gegönnt hätte. Mich aber dazu im Verhältnis so schlecht zu bezahlen empfand ich als äußerst unfair.

Bei einem Telefongespräch sah unser Sprachrohr eine Zahl an der Wand erscheinen. Diese Zahl gab ein Gehalt an, welches um DM 2000,-- höher war als mein jetziges. Ich erklärte Sie für verrückt. Wer glaubst Du würde mir eine solche Summe bieten. Sie sagte, daß wisse sie auch nicht. Also war mal wieder Vertrauen und Geduld gefordert. Daß einzige was ich dazu tun konnte war, daß ich bei allen geschäftlichen Gesprächen mit Kunden und Lieferanten vorsichtig andeutete, unzufrieden zu sein. Mit dem Gehalt und mit der Perspektive.

Sollte mir wirklich jemand ein solches Gehalt bieten, dann könnte ich endlich meiner Familie ein Häuschen im Grünen mieten. Daß wir einmal in einem Haus wohnen würden hatte uns bereits Jahre zuvor die Uppi beim Karten legen geweissagt. Unser Sprachrohr hatte zu diesem Thema immer wieder das Bild von einem Haus mit rotem Dach und Tannen im Hintergrund gesehen.

Kapitel 29 - Glauben, Geduld und Demut muß jeder Gläubige beweisen.

Unsere Private Situation der zurückliegenden Jahre muß zum besseren Verständnis der noch zu berichtenden Ereignisse kurz beleuchtet werden.
Nachdem ich mich mit meinen Eltern wieder versöhnt hatte, suchten wir dringend eine Wohnung. Unser erste Wohnung war zwar groß genug, aber wie bereits geschrieben in einer schlimmen Gegend. Es gab dort wenig Grün, viel Lärm und ein fünf Stockwerke hohes Treppenhaus ohne Fahrstuhl. So beteten wir schon vor der Geburt unseres ersten Kindes um eine passendere Wohnung. Es war für uns nach einigen Wohnungsbesichtigungen immer unwahrscheinlicher noch etwas passendes zu finden. Unser Sprachrohr wußte über Ihren Draht zu Oben, daß wir eine Wohnung bekommen würden. Nur wann, daß wußte sie damals auch nicht. Auch nach der Geburt unserer Tochter zeigte sich kein Hoffnungsschimmer. Einzig Lianes Versprechen eine Wohnung zu bekommen ließ uns auf ein Wunder hoffen. Meine Eltern, die wir ab und an besuchten, sagten eines Tages es würde in Ihrer Nachbarschaft eine Wohnung frei werden. Sie sagten aber gleich, daß sie sich für uns nicht verwenden könnten. Die Verwaltung der Häuser in denen sie über Jahre als Hausmeister gearbeitet haben würde jetzt eine junge Frau machen. Mit dieser jungen Frau würden meine Eltern nicht klar kommen. So setzte ich mich also hin und schrieb einen Brief. Ich hatte vor dem Schreiben ganz vergessen um den Beistand der Engel oder meines Schutzengels zu bitten. So klang der Brief, dann auch. Fordern nicht bittend. Ohne Freundlichkeit. Ich las Liane diesen Brief vor. Sie war entsetzt und sagte: Wolltest Du allen ernstes diesen Brief abschicken. Würdest Du jemanden eine Wohnung geben, der dir einen solchen Brief schreibt. Sie sagte, sie hätte einen Stein im Bauch. Das genügte, wenn Liane so von ihrem Bauch sprach dann hieß das NEIN. Wenn es ja geheißen hätte, hätte Sie Schmetterlinge im Bauch gehabt. Sie gab mir ein paar Tips, was in den Brief hinein gehören sollte, und überließ es mir den Brief neu zu schreiben.
Ich schrieb den Brief und als ich diesen vorlas, hatte unser Sprachrohr Schmetterlinge im Bauch. Sie sagte Ihr werdet die Wohnung bekommen Meine Eltern freuten sich sehr, uns und ihre Enkelkinder in die Nähe zu bekommen. Es war einerseits reizvoll in die preiswerte schöner gelegene Wohnung zu ziehen, andererseits empfand ich die Nähe zu meinen schwierigen Eltern beklemmend. Ich hoffte Christine könnte mit den Schrullen meiner Eltern leben und gut umgehen.
Christine war wegen meiner ungewissen beruflichen Situation wieder angefangen zu arbeiten. Das war zu der Zeit, als mein Abteilungsleiter Posten schon gefährdet war. Leider hatte man meiner Frau die Rückkehr in den Beruf nicht leicht gemacht. Eine mir zuvor schon als unsympathisch aufgefallene Kollegin war scharf auf Christines Posten. Diese hatte in Christines Abwesenheit gegen sie intrigiert. Gott sei Dank mußte Christine nur kurze Zeit an Ihren Arbeitsplatz zurück. Als Christine dann unseren Sohn zur Welt brachte, sparte ich es mir in Christines Firma anzurufen und die Kolleginnen und Kollegen zu informieren.
Während Christine arbeiten mußte, konnten wir unsere Tochter bei meinen Eltern lassen. Meine Eltern waren erfreut, denn es war Ihr erstes Enkelkind und dann auch noch ein

Mädchen. Der Wunsch nach einer eigenen Tochter hatte sich für meine Mutter nicht erfüllt.

Unter einer Bedingung waren meine Eltern bereit beim renovieren der Wohnung zu helfen. Wenn wir in dieser Zeit bei ihnen wohnen würden. Das führte zwangsläufig, denn meine Mutter hatte sich nicht geändert, zu den ersten Spannungen. Christine freute sich so eine Schwiegermutter zu haben, daß sie über viele Unebenheiten bereit war hinweg zu sehen und still zu halten. Ich renovierte also in meinem Urlaub unsere neue Wohnung. Die Wohnung, die wir trotz Wohnraummangel in Hamburg mit der Hilfe der Engel doch noch bekommen hatten. Gerade als wir eingezogen waren und die Geburt unseres Sohnes bevorstand erschien mein Vorgesetzter bei mir zu Hause um den ersten von zwei Kündigungsversuchen zu starten. Der Kampf um meinen Arbeitsplatz zog sich ja dann wie bereits zuvor geschildert noch mehr als ein halbes Jahr hin.

Auch wenn wir jetzt in einer schönen Wohnung wohnten, konnten wir unsere Kinder nicht frei spielen lassen. Die vor unserem Haus verlaufende Hauptstraße zwang uns dazu unsere Kinder beim Spielen immer zu beaufsichtigen.

Irgendwann war dann die Zeit vorbei in der Christine Zuhause bleiben konnte, ohne den Anspruch auf Ihren Arbeitsplatz zu verlieren. Wir entschlossen uns schweren Herzens auf diesen Arbeitsplatz Anspruch zu erheben. Christine ging wieder arbeiten und trat einen Teil des Gehaltes an meine Mutter ab. Diese waren gerne bereit, für Geld, auf unsere beiden Kinder auf zu passen. Für uns hatte es trotz der Kosten auch Vorteile. Meine Selbständigkeit mit Staubsaugern war sehr unsicher. Zur Not hätten wir eine Zeitlang nur von Christines Einkommen leben können. Christine mußte in dieser Zeit an Ihrem alten Arbeitsplatz genauso, wie ich vor Ihr, durch das Feuer gehen. Die Kollegin, die auf Christines Job scharf war, hatte in Christines Abwesenheit wohl ordentlich Salz in die Wunde der Abteilungsleiterin gestreut. Die Abteilungsleiterin war sehr erbost darüber, daß Christine sich erdreistet hatte Ihre Pläne zu durchkreuzen und noch Kinder zu bekommen.

Es eskalierte soweit, daß man Christine im Nachhinein unterstellte sie hätte sich ihren Posten selbst verschafft. Und Ihre Chefin forderte Christine sogar auf zukünftig nicht mehr Du sondern Sie zu Ihr zu sagen. Beide, Christines Chefin und die intrigante Kollegen waren tief religiöse Menschen. Wie viel mehr verletzte es einen dann von solchen Menschen so unfair und schlecht behandelt zu werden. Besonders, wenn man bedenkt wie freundschaftlich man fast zehn Jahre zuvor zusammen gearbeitet hatte. Aber es schien fast so, als wenn Christine genauso wie ich solche Erfahrungen mit Menschen machen mußte. Wenn man gerade so etwas erlebt betet man viel. Man ist oft verzweifelt und fragt sich, wo denn jetzt der himmlische Beistand und der Schutz ist. Hinterher aber begreift man die Zusammenhänge. Gott hatte aus unserer Sicht aus folgenden Gründen zugelassen, daß Christine so leidet. Erstens, die Trennung von Ihrem Beruf und Ihrer Karriere war einschneidend. Aber gründlich. Damit war Christine für die Erfahrungen Hausfrau und Mutter zu sein vollkommen befreit von wehmütigen Gedanken an Ihren Beruf. Zweitens lernte Christine, daß man sich auf Menschen nur eingeschränkt verlassen kann. Besonders, wenn berufliche Dinge im Spiel sind. Drittens ist Ihr Blick für intrigantes Verhalten geschärft daraus hervorgegangen. Wie es so schön und tiefgründig im Volksmund ja auch heißt: Leid stählt die Seele.

Auch mir drängten sich in meiner beruflichen Leidensphase Fragen nach dem Warum auf.

Warum läßt Gott zu, daß mich Menschen so behandeln? Warum passiert, mir der ich nur das Gute wollte gerade so etwas? Was mach ich falsch? Gehört dies zu meinem Weg? Hinterher erkennt man, wie wichtig schlechte Erfahrungen sind. Diese graben sich viel deutlicher ein und hinterlassen deutliche Spuren. Alles was mir passierte war immer eine Vorbereitung auf die nächst höhere Aufgabe. Hätte alles am Anfang ohne große Kämpfe mit mir selbst und anderen geklappt, was hätte ich daraus gelernt. Ich weiß wie schwer es ist durch solche Feuertaufen gehen zu müssen, aber es lohnt sich. Schafft man es sogar seinen Widersachern und Gegnern zu vergeben und zu verzeihen! Möglichst gleich ohne lange Zeit des Grolls und der Wut. Dann, ja dann gehen diese Prüfungen zu unseren Gunsten aus.

Ab einer bestimmten Entwicklungsphase hatte ich gelernt zu ertragen und mir zu sagen: Wer weiß wozu es gut ist. Ich bin von Gott mit allem zum Leben notwendigen versorgt. Mir wird es an nichts mangeln. Also anders gesagt mein Glaube wurde durch die Ereignisse und mein Bemühen immer tiefer.

Kapitel 30 - Nichts ist so sicher wie die Veränderung. Stillstand = Rückschritt

Als nun Christines berufliche Stellung nicht mehr zu halten war, bot man Ihr an sich voneinander zu trennen. Christine einigte sich mit Ihrem Arbeitgeber und löste das Arbeitsverhältnis auf.

Ein Gewerkschaftsanwalt und die Firmenleitung hatten zugesichert es würde mit dem Arbeitsamt und dem Arbeitslosengeld keine Probleme geben. Ungeachtet dessen verhängte das Arbeitsamt eine dreimonatige Zahlungssperre. Christine war wütend und machte gegenüber Liane Ihrem Ärger Luft. Prompt meldetet sich die Engel zu Wort indem sie ein Bild mit vielen Geldscheinen zeigten. Nach diesem Bild war Liane ganz sicher das Christine das vorenthaltene Geld vom Arbeitsamt noch bekommen würde. Gebrauchen konnten wir das Geld damals ganz gut. Ich hatte nach meiner Staubsauger - Tour auf den Treppen bei der Bank Federn lassen müssen. Mein dritter Arbeitgeber nutzte meine Not Situation auch noch aus und gab mir ein bescheidenes Gehalt. Ich war vom Einkommen her wieder da angekommen, wo ich bereits drei Jahre zuvor gewesen war. Das Versprechen der Engeln ging endlich ein halbes Jahr später in Erfüllung. Das Arbeitsamt zahlte auf betreiben eines Anwalts die einbehaltenen ersten drei Zahlungen nach.

In der Zeit in der Christine für uns mitarbeiten mußte, beaufsichtigte meine Mutter wie erwähnt unsere Kinder. Gegen Entgelt Betreuung für die Kinder zu haben, kann sehr hilfreich sein. Das so etwas auch Nachteile mit sich bringt ist wohl jedem klar. Alles im Leben hat die bekannten zwei Seiten einer Medaille. Jeder weiß, daß Omas zum Verwöhnen der Enkel da sind. Wenn es im Rahmen bleibt und bei Besuchen. Wenn die Omas aber die Enkel anstatt der Mutter ganztags betreuen, sollte das Verwöhnen nicht mehr im Vordergrund stehen. Die Erziehung hat in diesem Falle eindeutig Vorrang. Als wir die Betreuung unserer Kinder wieder übernahmen, hatte sich unser immer schon sehr temperamentvolle Sohn zu einem kleinen Tyrannen entwickelt. Wutanfälle die bis zu einer Stunde und manchmal sogar noch länger andauerten waren an der Tagesordnung. Zerstörungswut und absolute Ungehorsamkeit brachten uns oft an den Rand der

Verzweiflung. Was immer wir auch versuchten, wir konnten dieser falschen Erziehung mit nichts mehr begegnen. Oft haben wir uns die Frage gestellt: Hat sich unter diesen Umständen Christines dazu verdienen gelohnt?

Unser kleiner bildschöner Alexander hat bis heute, im Alter von fünf Jahren, keine dieser Untugenden abgelegt. In unserer Verzweiflung haben wir Liane oft gefragt: Warum hat uns Gott so ein anstrengendes Kind gegeben? Ihre Antwort war: Wohin hätte man ihn sonst geben sollen. Er konnte doch nur zu Eltern mit Liebe, Hoffnung und Geduld kommen. Andere Eltern hätten bei diesem kleinen Monster leicht die Nerven verlieren können. Das Ende vom Leid wäre vermutlich gewesen, daß auch er eins von den vielen heute mißhandelten Kindern geworden wäre.

Meine Eltern hatten sich in dieser Zeit einen Kleingarten erworben, in dem wir viel mit den Kindern gewesen sind. Meine Kinder genossen diese Zeit sehr. Christine hatten zwar dadurch mehr Arbeit als uns lieb war, aber was tut man nicht alles für die Kinder. Dort in dem Garten konnte wir die Kinder unbeaufsichtigt spielen lassen. Fern ab vom gefährlichen Straßenverkehr. Für Christine wurden diese Tage im Garten immer unangenehmer. Meine Eltern hatten es geschafft, in einem Jahr mit jedem angrenzenden Nachbarn Streit zu bekommen. Anfänglich hatten wir versucht den Nachbargarten zu bekommen. Aber der Besitzer wollte, Gott sei Dank, soviel Geld haben, daß all unsere Bemühungen umsonst waren. Außerdem sagten die Engel über unser Sprachrohr ab einem bestimmten Zeitpunkt zu unser Bemühungen ganz deutlich nein. Ich konnte dieses nein nicht verstehen, aber gab nach kurzer Zeit meinen Widerstand auf. Zumal die Beziehung zu meinen Eltern immer schwieriger wurde. Nicht das meine Eltern offen gegen uns etwas gesagt hätten. Allein Ihre negative Art über alles und jeden zu denken und zu reden wurde uns immer unerträglicher. Es kam trotz all unseres geduldigen Bemühens zu Spannungen. Besonders Christine hatte darunter mehr zu leiden als ich. Ich hatte meine Arbeit und war weniger oft mit meinen Eltern zusammen. Irgendwann haben Christine und ich dann aufgegeben. Es lagen einfach Welten zwischen unserer Art zu leben und zu denken, und der meiner Eltern. Oft, wenn Christine kurz davor war meiner Mutter speziell die Meinung zu sagen kam das Gebot, still zu ertragen und nichts zu unternehmen. Die Engel ließen uns wissen, daß die neuerliche Trennung auf die alles hindeutete, von meinen Eltern ausgehen sollte. Wir sollten ohne irgendwann ein schlechtes Gewissen haben zu müssen, den Dinge ihren Lauf nehmen lassen. Von den Engeln leichter gesagt als getan. Denn die Belastungen, die daß mit sich brachte, gingen auch an unserer Ehe nicht spurlos vorüber. Unsere Kinder wollten, Gott sei Dank, ab einem bestimmten Zeitpunkt lieber mit ihren Freunden spielen, als mit in den Kleingarten zu kommen. Auch daß half uns. Wir konnten uns wieder auf unsere Tugenden konzentrieren und Ruhe finden.

Kapitel 31 - Die leise innere Stimme. So spricht Gott direkt zu jedem der zuhören will.

Arne mein, mit etwas mehr als zwei stehenden Metern, etwas länger als ich geratener kleiner Bruder tauchte bei meinen Eltern auf. Ich hatte zuvor wenig Kontakt zu Ihm, nutzte aber die Gelegenheit um ihn erneut kennenzulernen. Bei den ersten kurzen Gesprächen bemerkten Christine und ich, daß er sich auch unabhängig von mir in die gleiche Richtung entwickelt hatte. Wir luden Ihn ein, um einmal ohne störende Zwischenbemerkungen meiner Eltern ganz offen mit Ihm reden zu können.

Vorab gestatten Sie mir noch zu bemerken, daß es nicht wichtig ist über welche Religion oder welchen Weg man zu Gott findet. Für mich zählt allein, daß sich ein Mensch in diese Richtung entwickelt und auf den Weg gemacht macht. Wie gesagt, mein Bruder deutete an, daß er meditiert und glaubt.

Meine Zuneigung zu Arne wuchs, als er zu erkennen gab wie er über das Leben denkt. Die Freude war groß bei mir, daß in dieser Familie noch einer den Ruf erhört hatte. Ich wußte aber auch, daß es unter denen, die für Gott und den Glauben werben, falsche Führer oder sogar Verführer gibt. Ich war etwas in Sorge um meinen Bruder. Für mein Empfinden war sein Weg zu stark auf die Meditation nach indischem Vorbild und nicht auf das Gebet zu Gott ausgerichtet.

So nahm ich mir vor, ihm an dem besagten Nachmittag ein wenig auf den Zahn zu fühlen. Ich hatte zuvor von ihm erfahren, daß sein geistiger Führer, ein verstorbener Guru, über ein Medium zu Ihm sprach. Das für sich betrachtet freute mich sehr für meinen Bruder. Was ich nicht verstehen konnte war, warum sich sein Guru aus dem Jenseits nur der englischen Sprache bediente. Soweit mir durch viele verschiedene Quellen bekannt ist, benutzen die Wesen aus dem Jenseits bei einem Medium deren Sprachschatz. Dieses Medium ist aber ein in Deutschland aufgewachsenes Wesen, für die, die englische Sprache eine Fremdsprache ist. An diesem betreffenden Abend wollten wir wie abgesprochen, über daß Buch, Ich bin das Licht, von Arthur Garside reden. Ich hatte Ihm diese Buch in der Hoffnung gegeben, daß er dadurch bereit wäre sich mehr auf Gott als auf seinen Guru einzulassen. Wir haben lange kontrovers über den Inhalt des Buches diskutiert.

Als ich meinem Bruder von meinem Schutzengel und der fundamentalen Bedeutung der Engel für mich zu ihm sprechen wollte, tauchte in meinen Gedanken ein Name auf. Ein Name den ich selten zuvor gehört hatte. Ein kurzer männlicher Name, den ich wirklich nirgends unterbringen konnte. Ich kannte auch niemanden mit diesem Namen. Mir war schlagartig klar, daß das der Name des Schutzengels meines Bruders war. Ich war erst sehr ruhig, bis in mir eine freudige Erregung hochkam. Ich hatte mein erstes bewußtes geistiges Hören erlebt. Ich freute mich so für meinen Bruder und war irritiert, daß ihn die Begeisterung dafür nicht packte. Gut, ich weiß, ich muß viel geduldiger werden. Bitte Gott Vater schenck mir mehr Geduld, aber bitte sofort !

Aber eigentlich muß ich ja der Reihe nach erzählen. Bei Arnes ersten Besuch zeigte uns Arne seine linke Handfläche die nicht schön aussah. Die Haut hatte sich in mehreren Schichten Handteller groß gelöst. Aufgefallen war uns das schon eher, weil er an diesen Hautfetzen regelmäßig pulte. Er sagte mir, sein Guru hätte getrocknete Feigen gesegnet und er wäre sicher, jetzt würde seine Hand bald heilen. Bei der nächsten Begegnung war seine Hand aber noch schlimmer geworden.

Ich erzählte Liane davon und sie bekam als unser Sprachrohr sofort einen Rat, wie diese Sache zum Stillstand, und dann geheilt werden könnte. Die Engel sagten Ihr: Arne müßte sich abends auf die Hand Urinieren und den Urin eintrocknen lassen. Danach sollte Arne die Hand dick mit Honig einschmieren. Am Tag sollte er seine Hand dann mit Kamillen Handcreme einreiben.

Arne war skeptisch, probierte in seiner Not die Heilungsmethode aber aus. Nach zwei – drei Wochen wie vorhergesagt war seine Hand geheilt. Trotz dieses Erfolges der Engel und des Mißerfolges seines Gurus war Arne nicht bereit, sich unserer Sichtweise und unserem Wissen zu öffnen. Er beharrte strikt darauf, daß sein Guru Ihm den richtigen Weg in allem zeigen würde. Nun gut, ich hatte meinen ersten bewußten Kontakt gehabt, und welchen Weg Arne weiter gehen will sei Ihm selbst überlassen.

Kapitel 32 - Unverhofft kommt oft, wenn Engel mitmischen dürfen !

Nun mache ich zeitlich einen Sprung nach vorne. Ich komme wieder an den Punkt wo ich Lieferanten und Kunden andeutete mit meiner jetzigen Aufgabe unzufrieden zu sein. Bei meiner täglichen Arbeit entstand ein Problem mit einem meiner größten Kunden. Der Kunde forderte mich auf, einen Besuchstermin im Werk zu arrangieren. Es gehörte zu meinen Aufgaben, die von mir betreuten Kunden in dem Glauben zu lassen, wir würden selber produzieren, anstatt nur mit Waren und Dienstleistungen zu handeln. Dieser eine Kunde wollte nun unbedingt die Fertigung besuchen und gelegentliche Qualitätsprobleme vor Ort besprechen. Ich mußte nun in einem wahren Drahtseilakt meinem Ansprechpartner beim Kunden vorsichtig die Wahrheit sagen. Dies gelang mir ohne dabei Porcelan zu zerschlagen. Als nun dieser Besuch stattfand passierten dem Geschäftsführer des Lieferanten zwei Mißgeschicke. Bei diesen Vorfällen bekam mein Kunde Kenntnis von meinen Einkaufspreisen. Nebenbei möchte ich noch bemerken, daß ich einmal in einem der Büros ein seltsames Empfinden hatte. Ich fühlte mich so wohl in dem Büro und in mir kam ein Gedanke auf. Wie schön wäre es in diesem jungen Team mit Zukunft arbeiten zu können. Ich wunderte mich nicht weiter über diesen Gedanken und maß dem auch keine besondere Bedeutung bei.
Als ich von dieser Geschäftsreise zurückkam, mußte ich diese beiden Vorfälle melden. Mein Hauptchef empfahl mir auf diesen Vorfall mit einem deutlichen kritischen Schreiben zu reagieren. Ich tat wie mir geheißen, und setzte einen meiner berühmt berüchtigten Briefe auf.
Es vergingen zwei Wochen bis der Chef dieses Lieferanten an einem Donnerstag bei mir im Büro anrief und seinen Besuch für den kommenden Tag anmeldete. Er deutete an er wolle auch über meinen Brief reden.
Am Freitag kam dieser Chef wie angekündigt. Nachdem er sich gesetzt hatte stellte er einleitend fest: Nach diesen Ihrem letzten Schreiben betrachte ich unsere geschäftliche Zusammenarbeit für beendet. Ich ließ mir nicht anmerken, wie sehr mich diese unerwartet harsche Reaktion erschreckte. Ich bekam es mit der Angst zu tun und brauchte einen Moment um diese zu verdrängen. In Gedanken bat ich meinen Schutzengel ganz schnell um seine Hilfe. Ich erklärte diesem Chef, daß ich so handeln mußte. Für mich sahen die Vorkommnisse bei unserem Besuch so aus, als wenn er versuchen würde unseren Kunden abzuwerben. Nach einigem Hin und Her gab er zu, damals selbst bemerkt zu haben, daß da Fehler von Ihm selbst gemacht wurden. Er entschuldigte sich für seine Fehler und versicherte mir, keinen Hintergedanken dabei gehabt zu haben.
Nachdem das nun geklärt war, war von einer Auflösung der geschäftlichen Beziehung keine Rede mehr. Dieser Herr wollte nun von mir wissen wie die geschäftliche Entwicklung sich nach meiner Ansicht darstellt und entwickeln wird. Er wollte einfach

wissen, was er an Aufträgen von uns in der nächsten Zeit erwarten könne. Ich sagte ihm ganz offen und ehrlich, daß ich in meinem Bereich keine steigenden, sondern eher sinkende Auftragszahlen prophezeie. Dies ließ er nicht so im Raume stehen und wollte Gründe dafür wissen. Ich sagte Ihm, was aus meiner Sicht gegen den Erfolg sprach. Nun wollte er wissen, was ich denn für Perspektiven hätte, wenn ich so sicher wäre, daß es geschäftlich bergab geht. Ich sagte ihm, daß ich mich schon seit einiger Zeit nach einer neuen Aufgabe umsehen würde. Eine Aufgabe, bei der ich mehr verdiene und die eine Perspektive für meinen beruflichen Aufstieg hat.

Nun endlich kam die Frage auf die ich unbewußt hingearbeitet hatte. Er sagte: können sie sich vorstellen auch für meine Firma tätig zu sein?

Ich sagte ganz deutlich ja. Auf seine Frage hin erklärte ich mich sogar bereit in den Niederlanden zu arbeiten. Er macht sich liebenswürdiger Weise Sorgen um meine Familie. Ich sagte Ihm, daß meine Frau voll hinter mir stehen würde und dahin gehen würde wohin auch ich gehe. Er überlegte laut Möglichkeiten, wo er mich einsetzen könnte. Verwarf aber wegen möglicher sprachlicher Probleme die erste Idee. Er sagte dann, er hätte ein schlecht betreutes Teilgebiet von Deutschland. Ich fiel Ihm ins Wort, und sagte er möge mir meine Unhöflichkeit verzeihen, aber klar gehe ich auch in den Außendienst. Worauf er bemerkte: Sie wollen doch angeblich nicht in den Außendienst. Nein, nein Herr R.... so habe ich das nie gesagt oder gemeint. Für meinen jetzigen Arbeitgeber gehe ich nicht in den Außendienst und war auch nie bereit dazu. Und das auch nur aus dem Grund, daß man mir zwar angeboten hatte in den Außendienst zu gehen aber bei unveränderter Bezahlung. Als er dies hörte änderte sich sein Verhalten total. Von der lässigen Sitzposition wechselte er in eine vorgebeugte dynamisch wirkendere Sitzposition. Er fragte mich, was ich denn verdienen wolle? Ich antwortete mit der von Liane vorhergesagten Summe und ganz ohne Zögern. Als er daraufhin sagte: gut , daß können sie bei uns bekommen, kein Problem, da war für mich alles klar. Ich hatte meine neue Aufgabe. Es stieg in mir unbändige Freude, Dankbarkeit und ein Gefühl von echtem geborgen sein auf. Dieses Gefühl in Worte zu fassen ist mir leider begrenzt möglich. Wie war mein Leben durch Gott verändert worden. Man bot mir eine Stellung an, die alles bisher für mich dagewesene in den Schatten stellte. Und da war wieder dieser Gedanke, wie hatte ich je glücklich Leben können ohne Glauben und die Verbindung zu Gott und Jesus seinem Sohn. Ich konnte mir die größte Mühe geben, ich konnte mir ein Leben ohne Gott, Christus und die Engel nicht mehr vorstellen.

Im Verlauf des dann weiter geführten freundschaftliche Gesprächs, zeigte Herr R... mir mein Verkaufsgebiet. Es fiel bei der Wahl des Ortes, in dessen Nähe ich mir ein Haus suchen könnte Paderborn. Ich wußte ich hatte eine neue Aufgabe, obwohl Herr R... zwei seiner Kollegen die Gelegenheit geben wollte unabhängig von sich selber zur selben Entscheidung zu kommen, mich ein zustellen. Ich sollte ihn am folgenden Montag anrufen und sagen, ob ich immer noch bei ihm anfangen wollte. Er würde dann einen Termin arrangieren. Ich rief natürlich an und wurde gebeten mir auf Kosten der Firma ein Flugticket nach Stuttgart zu kaufen. Ich würde mich dann dort dem Marketingleiter und dem Vertriebsleiter vorstellen können. Liane hatte auch keine Zweifel, daß ich den Job bekommen würde. Wer gibt schon für nichts und wieder nichts tausend DM für ein Flugticket aus. An einem Sonnabend in dieser Zeit stiegen meine Frau und ich ins Auto ein und schalteten das Radio ein. Wie zufällig wurde gerade über die Stadt Paderborn und Ihre Kulturgüter gesprochen. Dies nahmen wir als einen weiteren Hinweis der Engel an, uns wirklich in der Nähe von Paderborn etwas zu mieten.

Nun stand der Flug kurz bevor und unser Sprachrohr gab mir eine weitere Empfehlung der Engel durch.

Ich sollte meine freie Zeit in Stuttgart nutzen um in Buchhandlungen zu stöbern. Sie versprach mir, ich würde dort etwas besonderes finden.

Ich fand das, was mir prophezeit worden war. Zwei Bücher von Gott, wie ich vergleichbare erst einmal zuvor lesen durfte. Diese Bücher tragen den Titel Marias Botschaft an unsere Familien Teil 1 und Teil 2, erschienen im Falk Verlag. Ich hatte bereits ein Buch vom selben Autorenpaar lesen dürfen und jenes war bereits ein echter Knüller gewesen. Das erste Buch hieß „Marias Botschaft an die Welt" und erscheint auch im Falk Verlag. Dieses erste Buch hatte damals Karin gefunden. Ich selbst hatte zwar das Buch im esoterischen Buchladen bereits gesehen aber nie in die Hand genommen. Sie müssen wissen, ich hatte damals noch eine menge Vorurteile besonders gegen die Katholische Kirche. Der Name Marias war für mich untrennbar mit allem verbunden was ich an der Katholischen Kirche abgelehnt habe. Nur wie Maria selbst von sich so treffend sagte: Ich bin nicht in der Katholischen Kirche. Und Recht hat Sie, Gott und Jesus sind es auch nicht.

Zu diesen Büchern geführt worden zu sein, an dem Tag an dem ich mich für meine neue Aufgabe vorstellen sollte, war und ist für mich von einer so tiefen Bedeutung. Einfach umwerfend, aber in seiner vollen Tragweite für mich noch nicht faßbar.

Es kam nun zum Vorstellungsgespräch im Mövenpick Hotel. Zuerst fuhr mir noch der Schreck in die Glieder als ich feststellen mußte, daß einer meiner Gesprächspartner Engländer war. Sie wissen doch Engländer können nur eine Fremdsprache nämlich Englisch.

Aber ich hatte mich schnell gefangen und mich in Gedanken der Unterstützung durch meinen Schutzengel versichert. Ich plauderte von diesem Moment an ganz selbstsicher in Englisch mit beiden Herren. Als wenn ich nie etwas anderes getan hätte. Was soll ich sagen: Sieg auf der ganzen Linie. Hatte ich eigentlich erwähnt, daß das erst mein dritter Flug überhaupt war. Einige Wochen vor meinem zweiten Flug, der gleich nach Taiwan ging war ich dienstlich bereits einmal nach Stuttgart geflogen. Um mir damals die Angst vor meinem ersten Flug zu nehmen kam für mich ein Bild, auf dem unser Sprachrohr mich strahlend lächelnd die Gangway herunterkommen sah. Also auch in solchen Dingen nahm man sich von Oben liebevoll meiner an.

Kapitel 33 - Eine neue Aufgabe wird mit einer Prüfung verbunden.

Bei einem unseren Gespräche vor diesem Ereignis hatte uns unser Sprachrohr einmal gesagt: Es könnte sein, daß Ihr aus beruflichen Gründen von Hamburg wegziehen müßtet. Wir haben erst einmal heftig protestiert. Das wollten und konnten wir uns nicht vorstellen. Christine die unsere Finanzen verwaltete, sagte gleich: Oh nein bloß nicht, wovon sollen wir das denn bezahlen. Wir haben uns doch gerade erst von unserem Autokauf finanziell erholt. Sofort sah unser Sprachrohr wieder das gleiche oft gezeigte geistige Bild. Ein Haus mit rotem Dach und Tannen im Hintergrund.

Als wir uns von dem Schreck erholt hatten, konnten wir uns immer mehr mit dem Gedanken anfreunden. Es machte es mir auch leichter bei meinem überraschend stattfindenden Einstellungsgespräch, von dem ich schon berichtet habe, gelassen zu reagieren. Besonders als es darum ging, ob ich für meine neue Aufgabe auch bereit sei von Hamburg wegzuziehen? Ich antwortete ohne überlegen zu müssen.

Das machte bestimmt Eindruck auf meinen neuen Chef.

Nach dem Vorstellungsgespräch ging alles weitere ganz schön schnell. Es war im Nachhinein betrachtet alles so perfekt von Oben vorbereitet. Es klappte von nun an wie am Schnürchen.

Mein neuer Chef fragte mich, was ich denn meine, wie mein Vorstellungsgespräch in Stuttgart gelaufen sei. Ich sagte gut, sehr gut. Er sagte: Stimmt. Da haben Sie recht, es war spitze. Kommen Sie bitte am 20. Juni (1996) ins Werk nach Holland um den Vertrag zu unterzeichnen.

Die Freude bei uns allen war groß.

Zwei Dinge waren mir sofort klar. Erstens meine Frau wollte ich nach Holland mitnehmen, ich wußte nur nicht wie ich sie dazu überreden könnte. Zweitens meinen Eltern würde es gar nicht gefallen. Ich wollte mir diese negativ geprägten JA's und ABER's gar nicht erst anhören. Ich wollte meine Eltern mit einigem Stolz vor vollendete Tatsachen stellen.

Bei unserem diesbezüglichen Telefonat mit unserem Medium kam die Anweisung durch, daß Christine mitfahren sollte und wie sie auftreten sollte (optisch). Ferner sollte Christine unser finanzielles Problem mit einem möglichen Umzug eingestehen. In der Hoffnung mein neuer Chef würde geldliche Unterstützung zusichern. Liane war sicher, daß er das tun würde.

Zum Thema Geschäftswagen sollte ich nur sagen: Welches Fahrzeug fehlt Ihnen denn noch in Ihrem Fuhrpark. Auch hierin war sich Liane sicher: Mein Chef hätte sich bestimmt schon eine Automarke ausgesucht.

Nun rückte dieser Tag näher und näher. Ich sah mir meine abgefahrenen Reifen an und ließ mir neue aufziehen. Wusch unser Auto von Innen und Außen. Holte meine Schwiegermutter Karin ab und tankte den Wagen voll. Sie war so lieb, bei uns zu übernachten und auf die Kinder aufpassen zu wollen. Meine Eltern wollte ich aus oben angeführten Gründen nicht darum bitten. Karin sagte noch beim Einparken, willst Du Dir nicht später noch einen anderen Parkplatz suchen. Einen Parkplatz der heller beleuchtet ist. Nein sagte ich, ich parke oft hier, wenn vor unserer Haustür alle Parkplätze belegt sind. Sie faßte noch einmal die Türen auf Ihrer Seite an, um zu kontrollieren ob alle abgeschlossen sind. Ich sagte zu Ihr, das ist lieb von dir, aber das brauchst du nicht. Meine Reisschüssel hat doch eine zentrale Verriegelung. Da gehen alle Schlösser zu, wenn ich auf der Fahrerseite abschließe.

Am folgenden Tag zogen also Christine und ich los, um nach Holland zu fahren. An dem Platz, wo ich mein Auto abgestellt hatte war nur ein leerer Parkplatz zu sehen. Buh, daß war ein Schreck. Ich ging die Straße einmal rauf und einmal runter. Aber nichts. Mein Auto blieb verschwunden. Christine hielt das erst für einen meiner üblichen dummen Späße. Aber an meinem Gesichtsausdruck konnte sie schnell erkennen, daß das bitterer Ernst war. Wir kehrten also in die Wohnung zurück und riefen kurz bei Liane an. Es hätte ja sein können, daß die Engel noch etwas dazu zu sagen hätten. Aber Stille und Schweigen. Gut hab ich dann gesagt: Wir fahren jetzt zur Polizei, rufen in Holland an, mieten uns einen Wagen und fahren dann nach Holland. Liane war begeistert von meiner Ruhe und daß ich mich von meinem Weg auch durch so etwas nicht abringen ließ. Ich war mir sicher, wenn alles so bisher so gut geklappt hat dann Steckt hinter diesem

Schrecken auch ein Sinn. Ich wußte noch nicht welcher. Aber irgendwann würde auch dieses Rätsel gelöst werden.

Wir also zur Polizei, den Diebstahl gemeldet und anschließend einen Wagen gemietet. Der junge Mann dort sagte uns er hätte keinen Golf nur noch größere Wagen. Als ich Ihn fragte, was würde denn ein größerer Wagen mehr kosten ? Sagte er, DM 20,-. Ich sagte na wenn's nicht mehr ist nehmen wir eben einen Großen. Da ich als Mitglied im Automobilclub auch noch Rabatt bekam, war die Wahl des Fahrzeugs eingeschränkt. Es war nur noch ein Peugeot 404 verfügbar. Ich sagte: Gut, warum nicht nach dem Verlust eines Japaners mit einem Franzosen nach Holland fahren, um einen Arbeitsvertrag zu unterschreiben.

Nach dem alle Formalitäten geklärt waren, überreichte uns der junge Mann mit einem himmlischen Lächeln den Wagenschlüssel und sagte. Ihr Wagen steht gegenüber vom Eingang bereits in der Auffahrt. Der rote BMW. Wir waren so überwältigt von dieser netten Geste uns den BMW zu geben, obwohl dieser noch ein paar Mark mehr gekostet hätte (ohne Rabatt). Wir konnten uns nur noch lächelnd herzlich bedanken. Er sagte dann noch: Der Wagen hat erst ein paar Kilometer auf der Uhr, aber Sie brauchen den Wagen nicht einfahren. Treten sie ruhig ordentlich auf das Gaspedal, wenn Ihnen danach ist. Wir stiegen also ein in einen funkelnden neuen BMW, der sogar mit einer Klimaanlage und mit einem Schiebedach ausgestattet war. Daß wir die Klimaanlage noch dringend benötigen würde konnten wir am Anfang unserer Reise noch nicht ahnen. Vor dem Elbtunnel kamen wir wegen Auslösung der Höhen Kontrolle, daß erste Mal zum stehen. Und hinter Bremen kurz vor Osnabrück mehrmals. Irgend so ein liebenswürdiger Schreibtischtäter hatte an diesem Tag die Autobahn von einer zweispurigen Straße mit Standstreifen auf eine einspurig über den Standstreifen befahrbare Straße reduziert. Zu allem Unglück hatten in Hamburg an diesem Tag die Schulferien angefangen. Sehr weitsichtig diese Entscheidung. Für uns bedeutete dies stundenlanges stehen im Stau. Gott sei Dank, mußte ich ein Auto leihen und bekam eines mit Klimaanlage. Trotzdem mußten wir oft mit aufkommenden Zweifeln kämpfen. Zweifeln daran, ob meine neue Aufgabe wirklich von Gott gewollt und gegeben worden war. Wir machten uns immer wieder klar, wie viele Hinweise auf gerade diese Aufgabe uns gegeben worden waren.

Wandelten wir so unser Denken über die Ereignisse schöpften wir wieder Kraft um geduldig im Stau auszuharren.

Eigentlich wollten wir gegen 13:00 Uhr in Holland sein. Angekommen sind wir dann gegen 17 Uhr 30.

Meinem neuen Chef hatte man mitgeteilt ich hätte angerufen, weil ich einen Unfall gehabt hätte. Wie überrascht war er, die Geschichte von meinem gestohlenen Auto zu erfahren.

Wir unterhielten uns erst ein wenig, bis ich den Vertrag alleine durchlesen sollte. In der Zwischenzeit zeigte mein neuer Chef Christine das Werk. Wir erörterten anschließend noch die strittigen Punkte und kamen zu einer für beide Seiten akzeptablen Lösung. Auf meine vorbereitete Frage nach dem in seinem Fuhrpark fehlenden Auto erhielt ich prompt einen Prospekt von Audi überreicht. Auf Christines Frage sicherte mein Chef die Übernahme der Transportkosten für den Umzug durch die Firma zu.

Wir gingen anschließend noch etwas zusammen Essen und feierten den Vertragsabschluß mit meinem Chef zusammen. Toll, daß meine Frau von den Engeln überredet wurde mit zu kommen. Gab es doch meinem Chef die Möglichkeit, sich von mir und meinem Umfeld einen guten Eindruck zu verschaffen. Außerdem gab dies der ganzen Angelegenheit einen fast freundschaftlich familiären Charakter.

Wir fuhren noch in der Nacht, entgegen unseren ursprünglichen Plänen nach Hause. Ich nämlich mal wieder in Sorge um das liebe Geld. Ich wollte am nächsten Tag pünktlich den Wagen abliefern und nicht noch einen weiteren Tag Miete bezahlen. So gegen halb vier am Morgen waren wir dann wieder zu Hause. Die Engel mußten mir auf der ganzen Fahrt irgendwie die Müdigkeit vertrieben haben. Ich hatte nicht einen einzigen Moment mit Müdigkeit zu kämpfen. Es lag auch bestimmt ein bißchen an dem Vertrag den ich in der Tasche hatte. Ich war dankbar, zufrieden und überglücklich.

Ich behielt in der Firma, in der ich noch arbeitete, die Neuigkeit für mich. Mußte ich doch erst nach meinem Sommerurlaub die Kündigung einreichen. Es gab auch noch manchen Anlaß für mich zu schmunzeln. Einer meiner Kollegen kündigte überraschender Weise noch vor mir. Ein Kollege dem man das nie zugetraut hätte. Er wechselte auch in eine ähnlich gut bezahlte Stellung mit Firmenwagen. Er erzählte, daß sein neuer Arbeitgeber Ihm auch noch den Umzug bezahlen würde. Ich stand daneben und konnte mir mein Grinsen kaum verkneifen. Ich lachte in mich hinein und behielt mein Geheimnis weiter für mich.

Kapitel 34 - Des einen Freud des anderen Leid.

Meinen Eltern teilten wir das Ereignis dann am Wochenende mit. Ganz behutsam. Ganz begriffen, was es für sie bedeuten würde hatten sie zu diesem Zeitpunkt noch nicht. Was es für mich bedeutete war ja offensichtlich.

Ich erhielt kurze Zeit nach meinem Vertragsunterzeichnung von der neuen Firma eine Einladung zum internationalen Vertriebstreffen nach England. Außerdem die Betriebs-Zeitung mit den neuesten Nachrichten aus der Unternehmensgruppe in Englisch. Für mich war klar ich mußte mich wieder vorbereiten und mein Englisch vertiefen. Ich erzählte Liane von meinen Plänen und erhielt einen sehr deutlichen Auftrag aus Gottes Reich. Ich sollte das erste Buch der Bücher von Maria (Botschaft an unsere Familien Teil 1) bis zur Seite 91 inklusive Vorwort ins Englische übersetzen. Jeden Abend eine Seite. Der Hintergedanke der Engel oder Gottes dabei war ganz klar. Ich, der ich Bücher immer viel zu schnell las, war gezwungen den Text viel intensiver zu studieren. Intensiver als es mir nur mit einfachem Lesen möglich gewesen wäre. Besonders acht geben sollte ich dabei auf das Wort LIEBE, und mir bewußt machen wie oft es im Text vorkommt.

Bei dieser Gelegenheit möchte ich auch etwas zu dem liebevollen Humor der Engel sagen. Mir hatte man über unser Sprachrohr sogar einmal mitgeteilt, welchen bezeichnenden Spitznamen die Engel für mich haben: DER SCHÖNLIEBER.

Das war vielleicht ein Treffer als ich das gesagt bekam. Die Engel hatten mit diesem Spitznamen ja so recht. Ich liebe die schönen Dinge, Tiere und Menschen viel mehr als die unschönen. Dabei wird im Gegensatz von Gott alles geliebt. Und wenn ich nur ein bißchen so sein will wie ER, dann sollte ich an meiner Art die Dinge zu betrachten versuchen etwas zu ändern. Ich bin mir sicher dieser liebevolle Rüffel in der Form eines Spitznamens paßt zur Zeit nicht nur auf mich.

Ich saß nun brav und artig Abend für Abend zwei Stunden über meiner Übersetzung. Ich freute mich so sehr über diesen Auftrag, daß dieses abendliche Sitzen und Arbeiten mir selbst richtig Spaß machte.

Wie bereits erwähnt, bedanke ich mich manchmal auch dafür, daß ich von den Engeln benutzt werde um anderen zu helfen. Wie gerne ich das tue kann ich gar nicht in Worte fassen. Um das zu untermauern hier eine Begebenheit dazu. Ich wachte eines Morgens auf und meinte ein ungewöhnliches Geräusch gehört zu haben . Ich wollte mich auf die andere Seite drehen und weiter schlafen. Ging nicht. Es drängte mich auf den Balkon hinaus zu treten. Bevor ich die Tür aufmachen konnte, hörte ich einen Wagen, der ungewöhnlich hochtourig davon fuhr. Auf dem Balkon stehend sah ich mich dann um und konnte nichts verdächtiges entdecken. Ich wollte gerade wieder rein gehen als mein Blick auf ein Auto fiel. Die Stoßstange war seltsam verbogen und bei näherem hinsehen konnte ich Glassplitter vor dem Auto liegen sehen. Ich zählte eins und eins zusammen als ich die Bremsspur entdeckte und rief die Polizei an. Der Polizist fragte nach meiner Meldung trickreich nach meiner Rufnummer. Ich gab ihm nicht nur meine Rufnummer sondern auch meine Adresse. Ich dachte mir, die Mühe meine Adresse über den Computer raus zu finden kann ich den Herren Polizisten ersparen.
Es klingelte kurze Zeit später und ein Polizist stand vor der Tür, und überprüfte wohl, ob ich nicht vielleicht etwas damit zu tun hätte. Er bedauerte wie sein Kollege am Telefon zuvor, daß ich nicht schnell genug auf dem Balkon war um das Kennzeichen des Fahrerflüchtigen zuerkennen. Für mich war die Sache erledigt und ich legte mich wieder schlafen.
Einige Tage später klingelte es an meiner Tür, ein junger Mann kam herein, der sich für meinen Anruf bei der Polizei bedanken wollte. Durch meinen nächtlichen Hinweiß konnte die Polizei durch die Mithilfe eines aufmerksamen Taxifahrers den stock besoffenen Fahrer anhalten und einen Zusammenhang mit der Unfallflucht herstellen. Zumal an dem betreffenden Fahrzeug passende Beschädigungen auf der richtigen Seite waren. Der junge Mann war so glücklich, daß er den Schaden, dank meiner Hilfe jetzt von dem Verursacher ersetzt bekommen würde.
Wer hatte mich da wohl in der fraglichen Nacht so beharrlich auf den Balkon gedrängt? Für mich ist klar wer das war, für Sie auch?
So nun weiter mit der größten Veränderung in meinem Leben, die kurz bevor stand. Wir hatten jetzt die Möglichkeit uns eine neue Bleibe zu suchen. Liane drängte sehr darauf nun endlich nach Paderborn zu fahren und uns dort nach dem Haus mit dem rotem Dach umzusehen. Um die ganze Sache zu beschleunigen bat unser Sprachrohr uns, im Auftrag der Engel, darum ein Bild von dem Haus zu malen. Christine sollte alles auf das Bild malen was wir haben möchten auch Ihren Führerschein. Dieses Bild sollte anscheinend helfen in unserem Unterbewußtsein die Zweifel auszuräumen. Auf diese Weise soll man den Engeln von unsere Seite aus helfen Wünsche wahr werden zu lassen. Wie das genau vor sich geht kann ich Ihnen nicht erklären. Aber ich denke, daß ist auch nicht so wichtig. Grundbedingung ist mit Sicherheit dafür Glauben. Selbst amerikanische Manager schwören darauf, sich ihre Ziele und Wünsche auf den Spiegel zu schreiben und täglich vorzulesen. Ich hab es ausprobiert und es klappt. Natürlich nur , wenn Gott es zuläßt und man mit den Wünschen auf dem Teppich bleibt und anderen keinen Schaden zufügt.

Christine hatte nun Ihr Bild gemalt und stellte sich regelmäßig in Gedanken vor in dem Haus in der Küche zu arbeiten. Über unser Sprachrohr hatten wir dazu auch schon ein Bild bekommen. Auf diesem Bild sah unser Sprachrohr Christine in der Küche im Keller eines Hauses, unseres Hauses Fische braten.

Sehen Sie, die ganze Zeit über haben die Engel uns mit Bildern Hinweise gegeben. Warum nicht mit den eigenen Vorstellungen und Wünschen so umgehen und diese bildlich zu Papier bringen. Ist dieser Gedanke unlogisch ? Ich denke nicht.

Von dem Geld für unseren Honda Accord (Sein Name war Alfons) haben wir auf anraten der Engel ein kleinen Jahreswagen gekauft. Christine hätte lieber aus finanziellen Gründen einen kleinen älteren Gebrauchten gekauft. Ich war damit einverstanden einen kleinen fast neuen Wagen zu kaufen. Wir fanden von den Engeln geführt einen Wagen. Einen Corsa von Opel. Ein halbes Jahr alt in einem schönen Grün ganz wie auf Christines Bild und zu einem guten Preis.

Mit diesem fuhren wir auf Lianes Drängen hin nach Paderborn. Liane sagte, wir würden unser Haus im Umland von Paderborn finden. Wir sollten uns das Umfeld von Paderborn ansehen und uns die Leute, die da wohnen anschauen. Besonderes Augenmerk sollte wir auf den Gesichtsausdruck der Menschen legen. Ob wir viel freundliche, lebensfrohe oder mehr unfreundliche und traurige Gesichter zu sehen bekämen. Wir fanden die Gegend toll und die Menschen gefielen uns auch.

Leider erreichten wir keinen Makler und kamen deswegen frustriert und mit dem Gefühl nichts erreicht zu haben nach Hamburg zurück.

Kapitel 35 - Mit Engeln können Träume wahr werden.

Bei unserem Sprachrohr hatte sich Christines viel zu früh verstorbener Großcousin Andreas gemeldet. Er hatte sich mit Namen vorgestellt. Liane die gerade mit häuslichen Aufgaben beschäftigt war fragte in Gedanken zurück. Wer ist Andreas ich kenne keinen Andreas. Die Antwort war Prompt in Ihren Gedanken: Der Andreas von Oma Änne. Der Hinweiß genügte. Liane wußte Bescheid. Der Andreas also den Jens so mochte. Sie fragte in Gedanken: Was kann ich für dich tun?

Richtung Münster. war die knappe kurze Antwort bevor sich Andreas bei Ihr verabschiedete.

Wir wußten mit diesem Hinweis nichts anzufangen.

Wir besprachen das Wochenende und ich schlug vor eine Annonce in die Paderborner Zeitung zu setzen. Liane hatte ein sehr gutes Gefühl bei der Idee.

In meiner Annonce schrieb ich das eine vierköpfige Familie von Nordlichtern, ein Haus mit rotem Dach in Paderborn und Umgebung suchte. Wir warteten den Sonnabend und Sonntag ab und fuhren am folgenden Wochenende wieder nach Paderborn. Wir hatten einige Angebote erhalten. Drei kamen für uns in Betracht. Liane gab uns noch einen wichtigen hilfreichen Rat der Engel mit auf den Weg. Und zwar, wie wir unser Haus erkennen würden. Erstens würden wir in dem Haus gleich das Gefühl haben, daß das Haus zu uns sprechen würde. Zweitens dürfe der Kindergarten und die Schule nicht mehr als 10 Minuten zu Fuß von unserem Haus entfernt sein.

Das erste Objekt war so scheußlich, verwohnt und renovierungsbedürftig, so das wir schon recht enttäuscht waren. Diese Enttäuschung hätten wir uns ersparen können, denn das Haus lag nicht im Entferntesten von Paderborn aus in Richtung Münster. Manchmal hat man eben ein Brett vor dem Kopf und sieht den Wald vor lauter Bäumen nicht. Wir fuhren unverrichteter Dinge wieder ins Hotel zurück, bummelten durch die Stadt und gingen essen. Am Montag verabredeten wir zwei Termine. Bei dem ersten Termin warteten wir eine geschlagene Stunde auf die Maklerin. Wir warteten an einem Ortsschild in der Nähe von Delbrück und wurden immer unruhiger. Ich rief noch einmal im Maklerbüro an und erfuhr, daß die Dame unterwegs sei und einen roten Honda Prelude fahren würde. Endlich kam uns die Frau aus dem Ort herausfahrend entgegen. Wendete vor uns und fuhr wieder in das Dörfchen hinein. Ich fuhr hinter Ihr her und mußte mit sichtlichem Erstaunen bemerken, daß die Dame nach fünfzig Metern auf eine Auffahrt vor einem Haus mit rotem Dach fuhr. Ich hielt an und wir stiegen aus. Nach dem Reinfall vom Vortag konnten wir unsere Begeisterung kaum unterdrücken. Wir stellten uns unabhängig von einander die bange Frage: Ist das wirklich ein Haus, daß wir für den genannten Preis mieten können? Beim Besichtigen des Hauses tat ich noch so, als wenn wir uns das noch überlegen müßten.

Auf unsere Frage ob ein Kindergarten und eine Grundschule in der Nähe wären bekamen wir die erhoffte Antwort. Das Haus sprach auf die Weise zu mir und Christine, indem in unseren Köpfen ungewollt gedanklich die Aufstellung der Möbel bereits einsetzte. Als ich dann aber den gefließten Vollkeller und das erste Stockwerk gesehen hatte, war es um mich geschehen. Ich sagte zu der Maklerin: Wo haben sie den Mietvertrag? Haben sie ihn dabei? Ich unterschreibe sofort. Auch wenn sie noch andere Interessenten haben. Egal, wir haben uns in das Haus verliebt. Wir möchten es mieten. Gut sagte die Maklerin, dann kommen sie am frühen Nachmittag nach Paderborn in unser Büro zum Unterschreiben des Mietvertrages.

Als wir dann im Büro waren erzählte uns die Maklerin eine tolle Geschichte. Sie hätte in der Paderborner Tageszeitung eine Annonce gelesen. Von einer Familie die ein Haus mit einem roten Dach mieten wollten. Die Annonce war für sie selbst so humorvoll, ansprechend und so ungewöhnlich, daß sie gegen ihre Gewohnheit auf eine Annonce geantwortet hatte. Als Sie dann mit mir telefoniert hatte, hätte sie hinterher zu Ihrem Chef gesagt: Die mit denen ich eben gesprochen habe nehmen das Haus. Das weiß ich. Die passen da einfach hin. Ihr Chef hat das natürlich, wie leider die meisten meiner Geschlechtsgenossen, als weibliche Spinnerei abgetan. Es ist leider noch viel zu oft zu beobachten, daß Männer diese bei Frauen häufiger anzutreffende Intuition zu gering schätzen.

Wie so oft behielt die Frau, wie viele andere schon vor ihr, recht. Auf unsere Bereitschaft hin unseren Vermieter kennen zu lernen, bat der Vermieter noch darum einen Termin am selben Nachmittag zu vereinbaren. Wir nahm diese Gelegenheit mit Freuden wahr und hofften der Vermieter würde den Vertrag seinerseits auch gleich unterschreiben. Die sympathischen Vermieter unterschrieben ohne zögern den Vertrag. Wir konnten in dem sicheren Gefühl einen unumstößlichen Mietvertrag im Gepäck zu haben nach Hamburg zurück fahren. Ich machte noch ein paar Fotos für Karin und Liane. Über diese sich überstürzenden Ereignisse hatte ich einen weiteren Besichtigungstermin verschwitzt. Ich bedauerte das sehr. Ich konnte es aber leider nicht mehr ungeschehen machen. Was noch zu erwähnen wäre, daß auch Andreas, Christines verstorbener Großcousin einen Hinweiß gegeben hatte. Wie einige Seiten zuvor beschrieben. Nur einen Ortsnamen als Richtung. Oder präziser Richtung Münster. Auch dieser Hinweis stimmte total. Die Stadt Delbrück liegt an der Bundesstraße 64. In Paderborn wird auf dieser 64 als Richtung und Endziel Münster angegeben. Dies gab uns die zusätzliche und letzte Sicherheit in dem gemieteten Haus, das Richtige gefunden zu haben. Auch ein Grund, warum wir uns so leicht entschieden haben und die anderen Angebote gar nicht mehr besichtigten.

Kapitel 36 - Wenn Liebe bedingungslos gelebt werden sollte !

Die Freude über unser Haus wurde eigentlich nur von den Ereignissen Zuhause getrübt. Meine Mutter hatte bereits vor unserer ersten Reise nach Paderborn Streit vom Zaun gebrochen. Die ersten Mißtöne entstanden schon an dem Geburtstag meines Sohnes. Meine Eltern kamen und kamen nicht herüber. Obwohl wir Sie eingeladen hatten. Zuvor hatten wir besprochen die Menge der Geschenke zu reduzieren. Auf dem Wege, daß unser Alexander ein Fahrrad bekam und wir uns die Kosten teilen wollten. Kurz vor dem Geburtstag, ich hatte das Fahrrad bereits gekauft, sagten meine Eltern sie hätten schon ein anderes Geschenk für Ihn gekauft. Ein Geschenk mit dem Alexander seine schlecht ausgeprägte Feinmotorik trainieren könnte. Ich war bedient, ließ mir nichts anmerken und bis in den sauren Apfel und verbuchte die Mehrausgabe unter der Überschrift Mißverständnis. Wie bereits gesagt meine Eltern kamen nicht. Der kleine Kerl, der seine viel zu nachgiebigen Großeltern sehr liebte, war tief enttäuscht. Ich konnte seinen Schmerz zu gut nachvollziehen. Mit mir hatten meine Eltern ja auch schon so verletzende Szenen durchgezogen. Nachdem die meisten Gäste gegangen waren, hatten wir unseren Kindern das Abendbrot im Hinterhof auf dem Rasen serviert. Sie wollten so gerne mit Ihren zwei Freunden aus dem Haus den Geburtstag auf diese Weise ausklingen lassen. Das meine Eltern angeblich, wie ich hinterher vorwurfsvoll mitgeteilt bekam, nur darauf gewartet hatten, bis die letzten Gäste gegangen wären konnten wir nicht ahnen. Richtig ärgerlich waren meine Eltern auch darüber, daß wir mit unseren Kinder im Hof gewesen sind. Wir hatten den großen Fehler begangen, uns mit den Eltern der Freunde unserer Kinder aus unserem Haus zu unterhalten. Diese Leute hatten vor Jahren einmal eine Auseinandersetzung mit meinen Eltern gehabt. Das wir froh waren, daß sich überhaupt jemand mit uns unterhielt wollte ich eigentlich nicht erwähnen. aber ich glaube das rundet das Bild besser ab. Es gab bis auf zwei drei Ausnahmen kaum einen der Mieter der 45 zum Block gehörenden Wohnungen mit denen meine Eltern keinen Streit hatten. Meine Mutter störte sprichwörtlich die Fliege beim Nachbarn an der Wand. Vielleicht ist es mir gestattet für meine arme Mutter bei Ihnen um Verständnis zu bitten. Erstens hat meine Mutter einmal vor meiner Geburt und nach der Geburt meines Bruders eine Schwangerschaft. Diese Schwangerschaft wurde von meinen Eltern freiwillig durch eine Abtreibung unterbrochen. Nach dem Abgang der Föten stellte sich heraus, daß meine Mutter mit einem Zwillingspärchen Mädchen schwanger gewesen war. Ein von meinen Eltern verursachtes Schicksal, an dem meine Mutter noch immer schwer zu tragen hat.
Zweitens ist meine Mutter mit einer nachweislich hohen Intelligenz gesegnet. Wie demütigend war es in Ihren Augen, wesentlich dümmeren Menschen die Treppen putzen zu müssen. Eine Ihre Aufgaben als Hausmeisterin in den Häusern in denen ich groß geworden bin. Das sie selbst mehr aus ihrem Leben hätte machen können, auf die Idee kam sie gar nicht erst. Es waren immer die anderen Schuld. An ihr sei das Wirtschaftswunder spurlos vorbeigegangen. Ich denke diese Dingen machen deutlich, warum meine Mutter immer mehr durch ihr eigenes Verhalten sich selbst ihr Leben, und auch das Leben der Anderen zur Hölle zu machte.
Aus diesen Gründen heraus kam es wohl auch dazu, daß das Geschenk für unseren Sohn am Tag nach dem Geburtstag vor der Tür lag. Dieses besondere Geschenk, ein Tischfußballspiel, wird von meinem Sohn so gut wie nie benutzt. Sein Fahrrad nutzt er

heute pausenlos. Seit dem er jetzt ohne Stützräder fahren kann, ist er kaum noch von seinem Fahrrad zu trennen.

Nachdem wir meinen Eltern mitgeteilt haben was sich bei mir beruflich tut, und das wir deswegen wahrscheinlich weg ziehen werden, ging das Theater erst richtig los. Es dauerte gar nicht lange bis meine Mutter sich so in Zorn gebracht hatte, daß Sie meine Frau anrief. Sie beschimpfte meine Frau eine unmögliche Person zu sein. Unseren Honda hätte man nur geklaut, weil wir meine Eltern so schlecht behandeln würden. Christine war sichtlich aufgebracht und den Tränen nahe, als ich an dem Tag nach Hause kam. Wir ließen ein Wochenende verstreichen und riefen dann erst wieder an. Aber auch dieser Anruf meiner Frau brachte keine Klärung. Nein, meine Frau wurde nochmals beschimpft. Am selben Tag noch rief meine Mutter bei uns etwas später an und sprach schlimmste Beschimpfungen auf unseren Anrufbeantworter.

Wir waren entsetzt. Ich war zudem sehr verärgert. Aber ich ließ mich nicht provozieren. Über unser Engeltelefon oder auch Sprachrohr wurden wir gebeten reinen Tisch zu machen. Ich sollte zu meinen Eltern rüber gehen und den Zweitschlüssel zu unserer Wohnung fordern und alles zurückbringen was meine Eltern gehörte und sich bei uns befand. Gleichzeitig sollte ich alles was meinen Kindern gehörte aus der großelterlichen Garage und dem Kleingarten holen. Ich klingelte bei meinen Eltern und wurde von meinem Vater mürrisch empfangen. Ich trat unaufgefordert in die Wohnung ein und bat um den Schlüssel und einige Dinge die noch bei meinen Eltern waren. Meine Mutter machte mir Vorwürfe und wertete meine Reaktion als überzogen und zu drastisch. Warum ich nicht mit Ihr darüber reden würde? Ich sagte nur ganz kurz. Du hast die Gespräche durch das Auflegen des Hörers selbst abgebrochen. Und ob Du mit meiner Frau oder mit mir sprichst ist egal. Wir sind eine Einheit, eine Familie und ich stehe voll hinter dem, was meine Frau sagt und tut. Meine Mutter kam richtig in Fahrt und tanzte förmlich wütend um mich herum. Ich blieb seltsam gelassen. Hatte ich doch kurz zuvor um allen verfügbaren himmlischen Beistand in einem kurzen Stoßgebet gebeten. Außerdem lief mir nur so das Schwitzwasser den Rücken herunter. Liane erklärte mir hinterher, es müssen mir, so scheint es, ganz viele Engel beigestanden haben. Sie müssen sich so dicht um mich herum gedrängt haben, daß mir von der ganzen himmlischen Energie ganz heiß wurde. Ich verließ die Wohnung meiner Eltern und wünschte alles Gute.

Ach ja, daß in meinen Augen wichtigste hatte ich beinahe ganz vergessen. Meine Mutter machte mir am Anfang des Gesprächs den Vorwurf vollendete Tatsachen zu schaffen, man hätte ja noch mal reden können. Ziemlich zum Ende des Gesprächs, als ich sagte ich würde noch die Sachen aus dem Garten abholen sagte meiner Mutter etwas, und verriet sich damit selber. Sie sagte: Wir haben all die Sachen der Kinder bereits in einer Ecke des Geräteschuppens zusammengestellt. Mir wurde schlagartig in diesem Moment etwas klar. Wieder hatten die Engel mich davor beschützt in das offene Messer zu laufen. Nicht meine Eltern diktierten die Bedingungen der Trennung sondern Ich (Eigentlich die Engel).

Ach und ehe ich es vergesse, da war noch etwas. Meine Mutter warf mir bei diesem Gespräch auch vor. Ich hätte sie fragen sollen, ob sie auf die Kinder hätte aufpassen sollen, während wir in den Niederlanden waren. Zu diesen Angeboten von meinen Eltern, muß ich leider etwas sagen. Ganz am Anfang unserer Nachbarschaft mit meinen Eltern, hatte sie uns angeboten, wenn wir mal Tanzen gehen wollten, gerne auf die Kinder aufzupassen. Als wir dann dieses Angebot annehmen wollten, gab es da ein

echtes Problem. Meinen Eltern paßte es gar nicht, daß wir diese freie Zeit nicht für weltliche Vergnügungen nutzen wollten. Sondern für den Besuch von Vorträgen und unseren Gesprächskreis - Nachmittagen mit Liane und Karin und dem Himmel.
Bis zu unserem Umzug hörte ich von meinen Eltern bis auf einen mehrseitigen Brief kein Wort. In diesem Brief haben meine Zeugungseltern sich noch einmal so richtig Luft gemacht. Wenn sie sich hinterher besser fühlten, soll es nicht umsonst gewesen sein. Für mich waren zu diesem Zeitpunkt meine Zeugungseltern gestorben. Ich war bereit zu vergeben und zu verzeihen aber ich wollte auch möglichst schnell vergessen.
Christine regte sich sehr über diesen teilweise kindischen voller Bosheiten und verdrehten Tatsachen steckenden Brief auf. Sie nahm diesen Brief, in dem Christines Eltern, nebst Anhang und unserem Medium mit Mischpoche verunglimpft wurde, persönlich. Als Christine unter Tränen sich bei Liane ausschimpfte, sagte Liane: Na bitte, nun hast Du doch was Du wolltest. Die Trennung ist vollzogen. Nur nicht von Dir. So kannst Du doch sehr gut damit leben. Das war wohl der Grund für die mehrfach von den Engeln an Dich gerichtete Bitte, zu Schlucken und Still zu halten und Dich nicht von Jens Eltern provozieren zu lassen. Aus dieser Sache gehst Du klar als der Sieger hervor.
Als ich mit einigen Verzögerungen meinen tollen Firmenwagen bekam war ich trotz einer bestehenden Warnung überglücklich. Die Engel hatten uns empfohlen den Firmenwagen möglichst immer dort zu parken, wo meine Eltern mich nicht sehen konnten. Es bestand die Gefahr, daß meine Eltern in Ihrer aufgestauten Wut sich sogar an dem Firmenwagen vergriffen hätten. Es wurde uns ganz klar gesagt, wenn ich keine große Schmarre in meinem Auto haben wolle, sollte ich den Rat beherzigen. Die Achtung vor den Menschen die mich gezeugt und groß gezogen hatten fiel ins bodenlose. Ich war betroffen und sehr betrübt.
Durch diese Erfahrungen waren wir so verunsichert, daß wir sogar unsere Nachbarn baten bloß nicht unsere neue Adresse weiter zu geben. Bedauerlicher Weise schlug Arne sich, aus welchen Gründen auch immer, bei der neuerlichen Trennung von meinen Eltern auf deren Seite. Er versuchte sogar die Schuld an diesem Zwist auf Christine zu schieben. Wir hatten gerade einen unserer besonderen Nachmittage mit Liane, Karin, Christine, mir und unseren Schutzengeln, als mein kleiner Bruder anrief. Seine Einleitenden Worte endeten mit Beschimpfungen, die ich schon von meiner Mutter zu hören bekommen hatte. Er versucht mir ein schlechtes Gewissen einzureden. Dies gelang ihm aber nicht. Ich hatte, was mir schon zur Gewohnheit geworden ist, sofort um geistigen Beistand gebeten. Ich stellte für alle Anwesenden den Telefonlautsprecher an und hielt meinem Bruder ein Standpauke. Oder besser alle seine Vorwürfe und Argumente schmetterte ich souverän auf ihn zurück. Ich hörte ihn am anderen Ende manches mal mit den Tränen kämpfen. Aber er mußte mir, ob er nun wollte oder nicht, in allen Punkten widerwillig Recht geben. Liane sagte nach diesem Gespräch, was mehr als eine halbe Stunde gedauert hatte, wie sehr sie sich über mich gewundert hat. Sie konnte kaum glauben, was sie da zu hören bekam. So viel Größe und Kraft und Schlagfertigkeit hatte sie noch nie live an mir erlebt.

Kapitel 37 - Aus Glauben kann Wissen und Gewißheit werden !

Wir verließen also Hamburg und zogen in unser gemietetes Haus. Meine Frau und ich hatten bei einem unserer Besuche in unserem Haus vor dem Bezug bereits die Nachbarn aus dem Nebenhaus kurz kennen gelernt. Zwei Tage vor dem Umzug war ich bereits einmal in unserem Haus um die Leute von der Telefongesellschaft einzulassen. An diesem Tag wurde ich von der Nachbarin aus dem Nebenhaus zum Kaffe eingeladen. Wie zufällig tauchten zwei weitere Nachbarinnen zum Kaffee auf. Aber auch diese ganz liebe nette Leute.

Nach unserem Einzug und der ersten Woche Chaos, war unser Haus vorzeigbar. Ich nahm meine Frau und meine Kinder ins Schlepp und ging von Tür zu Tür. Für einen ehemaligen Staubsaugervertreter eine der leichtesten Übungen. Ich lud alle in unmittelbarer Nähe wohnenden Nachbarn zum Kaffee am Sonntag ein. Es gehörten sechs Familien zur direkten Nachbarschaft. Alle sechs Familien erschienen auch vollzählig zum Kaffee. Es wurde ein wundervoller Nachmittag. Es war wirklich etwas Besonderes, daß alle Nachbarn bis auf einen stark nebenberuflich eingespannten Vater Zeit hatten und gekommen waren.

Die Idee mich und meine Familie der Nachbarschaft vorzustellen hatte ich von einem Managementtrainer. Dieser hatte mir erzählt, daß er es auf diese Art genauso erfolgreich gemacht hatte. Er war auch in ein Dorf gezogen und hatte einen Tag der offenen Tür für die Nachbarn gemacht. Wenn ich daran zurückdenke, daß in Hamburg Nachbarn aus dem gleichen Haus nach fünf Jahren sagten. Schade, daß Sie jetzt wegziehen. Ich wollte doch immer schon einmal mit Ihrer Frau eine Tasse Kaffee trinken. Dann ist das, was wir jetzt haben tausendmal besser. Vielleicht hat sich Gott sogar auch bei Ihnen etwas dabei gedacht neben wem Sie „zufällig" wohnen. Wer weiß, vielleicht kennt man sich schon aus einem anderen Leben. Ist es nicht Schade solche Chancen des miteinander Umgehens und voneinander Lernens ungenutzt verstreichen zu lassen. Außerdem, wer schon mal miteinander zusammen gesessen hat, der geht auch rücksichtsvoller und toleranter miteinander um. Es ist doch viel einfacher einem befreundeten Nachbarn mal zu sagen, wenn einem mal etwas nicht gefällt als einem Fremden.

Wir hatten also nun endlich unser Haus. Ein Haus, daß uns schon vor langer Zeit prophezeit worden war. Im Haus erwarteten uns noch eine ganze Reihe von Zufälligkeiten.

Als erstes muß genannt werden welche Farbe die Türrahmen haben. Ein heller Buchenholz Farbton. Dieser paßte hundert prozentig zu unserer Einbauküche. Es sah so aus, als ob wir unsere Küche Jahre vorher passend zu unserem Haus ausgesucht hätten. Zwei weitere Möbelstücke paßten so knapp in die Nischen des Treppenhauses, daß sogar die Möbelträger Bemerkungen machten wie zum Beispiel. Ist das Haus etwa passend für Ihre Möbel gebaut worden. Zwei große Schränke paßten auch so gut in unsere Zimmer, daß alle Besucher nachher nur zu staunen hatten. Wir natürlich auch. Wie ich hinterher „zufällig" erfuhr, waren diese beiden großen Schränke bei einer Möbelfirma in Delbrück angefertigt worden. Für manch einen alles nur Zufälle. Für mich Wunder.

Schon kurze Zeit nach unserem Einzug hatten wir zu allen Nachbarn ein herzliches freundschaftliches Verhältnis entwickelt. Wir nahmen mit Freuden an allen gesellschaftlichen Veranstaltungen teil. Jetzt ein halbes Jahr nachdem wir hier eingezogen sind fühlen wir uns hier schon dazu gehörig. Als wenn wir schon immer hier gewohnt hätten.

Wie zufällig hatten wir hier sofort für unseren Alexander einen Kindergartenplatz bekommen.

Unsere Tochter Alexandra hat nur in ein paar Monaten den Anschluß an das Leistungsniveau der Klasse geschafft. In Hamburg war man von diesem Niveau noch weit entfernt.

Ein ganz wichtiger Punkt der mir letzte Gewißheit verschaffte von höchster Stelle bemerkt worden zu sein fehlt noch. Das Nummernschild meines neuen Firmenwagens gab mir den entscheidenden Hinweis. Den Hinweiß, wem ich dies alles zu verdanken habe. Nach den ersten beiden üblichen Buchstaben für die Stadt bekam ich nicht die Buchstaben die ich wollte. Ich wollte eigentlich wieder JC haben. Denn JC steht für mich sowohl für Jesus Christus als auch für Jens und Christine.

Nein ich bekam die Buchstaben die ich haben sollte. Es waren und sind die Buchstaben VG. Für mich stehen diese Buchstaben ganz felsenfest für V wie von und G wie Gott. Von Gott. Wenn ich dieses Auto heute vor unserem Haus parken sehe kommt so ein starkes Gefühl von Dankbarkeit in mir auf. Ich fühle mich so reich beschenkt und geliebt, wie nie zuvor in meinem Leben.

Beruflich ging es sehr hektisch los. Mit einem einwöchigen Aufenthalt in den Niederlanden und fast einer ganzen Woche in England. Die Bitte der Engel 91 Seiten aus einem bestimmten Buch ins Englische zu übersetzen half mir bei unserem Treffen in England sehr.

Ich konnte auftreten, frei reden und sogar mit vielen humorvollen Bemerkungen zur guten Atmosphäre beitragen. Den Inhabern in Schweden soll man von diesem Neuen als einen funny guy (lustigen Menschen) erzählt haben. Dank der himmlischen Bitte, wurde meine Bekanntmachung im ganzen Unternehmen ein voller Erfolg.

Der prophezeite Erfolg meiner Arbeit läßt zwar noch ein bißchen auf sich warten. Aber ich denke, daß läuft auch wieder unter dem Motto ohne Fleiß kein Preis. Und Geduld ist eine Tugend die man täglich immer wieder üben kann.

Kapitel 38 - Rückblick

Und nun noch einmal zeitlich etwas zurück. Nachdem ich mich mit dem Diebstahl meines Honda abgefunden hatte. Hatte ich sechs Wochen später endlich wieder einen Wagen vor der Tür. Den kleinen grünen Corsa, den meine Frau nach Ihre Führerscheinprüfung fahren sollte.

Ungefähr zu dieser Zeit ca. August waren wir mal wieder bei unserem Sprachrohr zu Besuch. Wir betrachteten noch einmal Rückwirkend das große Wunder mit der neuen Stellung. Mit dem vorhergesagten und versprochenen höheren Einkommen. Ich sagte so mehr im Spaß zu Liane: Eigentlich sollte ich mal über all das was ich mit Gott erlebt habe ein Buch schreiben.

Ich erinnerte mich noch sehr genau des Bildes vor einigen Jahren. Dieses deutliche Nein der Engel zu einem Buch hatte ich nicht vergessen. Ehe ich noch etwas weiteres sagen konnte purzelte es unserem Sprachrohr über die Zunge. Ja, Du wirst ein Buch schreiben. Der Titel des Buches wird sein „Gott und ich“, und man wird dir von höchster Stelle behilflich sein, einen geneigten Verleger zu finden. Dieser wird es vielleicht ermöglichen, daß das Buch noch zu Weihnachten 1997 im Handel erhältlich ist. So das es für viele Menschen ein Geschenk wird. Bums, das hatte ich nun von meiner Frotzelei. Ich wußte sofort, daß das viel Arbeit bedeutete. Arbeit die ich nur in meiner freien Zeit werde leisten können. Ich war platt.

Einige Zeit später bekam ich von den Engeln noch detaillierte Anweisungen über den Inhalt. Liane traute mir nicht zu ein Buch schreiben zu können. Sie war der irrigen Meinung ich bräuchte so etwas wie einen Ghostwriter. Ich ließ Sie in Ihrem Glauben und sandte Ihr irgendwann die ersten Seiten zu. Sie rief, nachdem Sie es gelesen hatte sofort an und sagte: Oh Jens das ist ja wundervoll. Das hätte ich nicht gedacht, daß Du so toll schreiben kannst. Liane war zufrieden. Die Engel noch nicht. Die meldeten sich bei Liane im Mittagsschläfchen und gaben Ihre Kritik durch. Ich nahm mir die Kritik zu Herzen und versuchte lockerer zu schreiben. Mit ein bißchen mehr Humor und nicht so steif.

Die Überarbeitung fand so regen Zuspruch, daß die Engel Liane für mein Buch ein Wort als geistiges Bild zeigten. Nämlich Siegeszug.

Diese Vorschußlorbeeren verunsicherten mich doch sehr. Ich vergaß sogar beim weiteren Schreiben vorher um geistigen Beistand in einem Gebet zu bitten. Die auf diese Weise entstandenen acht DIN A4 Seiten mußte ich noch mal schreiben.

Die Engel zögerten nicht Lianes Mittagsschlaf wieder zu benutzen um mir mitzuteilen, was ich gerade beim Schreiben falsch machen würde.

Nachwort Ende gut alles gut, oder ist das Erlebte noch zu steigern?

Nachdem wir uns nun eingelebt hatten waren wir glücklich, zufrieden und dankbar. Einer von meinen und wohl auch von Christines dringlichsten Wünschen war jetzt geworden, daß unser Sprachrohr nun die Wunder, die ohne ihre Mithilfe so bestimmt nicht geschähen wären, ansehen und bestaunen würde. Denn von mir aus hätte ich nie gewagt, so eine Gehaltsforderung an meinen jetzigen Chef zu stellen. Den Mut hätte ich ganz sicher auch nicht gehabt nach einem Haus zu greifen. Es gäbe da noch so vieles was erwähnt werden müßte, aber ich möchte auf Wiederholungen verzichten. Jetzt ist es wirklich Zeit, daß Liane mit eigenen Augen vor Ort die Wunder ansieht. Liane ist nicht vollkommen. Ihr großes Handicap ist wie schon erwähnt: Sie geht nicht gerne Besuche machen; Sie klebt förmlich an ihrem Zuhause, Mann und Hund. Ein Mensch mit ganz wenig Bedürfnissen. Nachdem ich Ihr, als Ihr Schüler ganz gehörig die Leviten gelesen habe, hat sie uns versprochen uns in vierzehn Tagen zu besuchen. Und da sie es versprochen hat, wird sie nun auch kommen.

Wir, Christine meine Kinder und ich sehen diesem Besuch voller Erwartung entgegen.

Der denkwürdige Besuch fand am 14 Dezember 1996 statt. Am Vorabend fuhr ich nach Hamburg und war endlich einmal wieder bei meinen Liane und Heinz zu Gast. Am Sonnabend fuhren Liane und ich früh los und holten Karin in Buxtehude ab. Wir waren nach einigen Stunden Fahrt nicht ganz in unserem Zeitplan für die Reise und aus diesem Grund rief ich Christine kurz vor Bielefeld noch mal an. Liane hat sich bei dem Telefonat für die Freisprecheinrichtung in meinem Auto begeistern können. Wie ein staunendes Kind. Wir alle waren in Hochstimmung.

Nach einer weiteren halben Stunde Fahrt wurde mir klar, wir würden nicht rechtzeitig ankommen und ich rief Christine noch mal an.

Christine war alles andere als in Hochstimmung. Sie war ein wenig in Panik, weil wir immer noch nicht da waren obwohl das Essen bereits fertig war. Ich versuchte sie zu beruhigen und schlug ihr spontan vor, daß sie die Kartoffeln ins Bett stellen soll. Mit diesem Kommando holte ich Christine aus Ihrer Panik heraus.

Als wir dann endlich angekommen waren, konnte Liane unser Glück gar nicht fassen. Je mehr Räume ich ihr zeigte, desto fassungsloser wurde sie. Sie sagte so ein schönes Haus übertrifft bei weitem das, was sie sich für uns erhofft hatte.

Es wurde ein gelungener harmonischer Nachmittag und Abend angefüllt mit Gesprächen über alles was im Zusammenhang mit unserem geistigen Streben steht.

Als ich am Sonntagmorgen aufgestanden war und nach unten ging, stellte ich überrascht fest das Liane das Haus schon verlassen hatte. Zu einem Spaziergang wie ich vermutete. Meine aufkommende Sorge sie könnte sich verlaufen versuchte ich Vertrauen zu wandeln. Was mir auch ganz gut gelang. Zumal ich mit den Frühstücksvorbereitungen abgelenkt war. Pünktlich zum Frühstück sie von ihrem Spaziergang zurück. Beim Frühstück erzählte Sie uns eine fast unglaubliche Geschichte. Sie sei ganz früh aufgewacht und habe die Bitte gehört den Anweisung der Engel jetzt zu folgen. Nachdem sie sich in Windes Eile angezogen hatte, ist sie aus dem Haus gestürzt. An der Haustür steckte von innen der Schlüssel und so war sie in der Lage das Haus zu verlassen, ohne uns wecken zu müssen.

Sie ließ sich von Ihrem Schutzengel durch das Dorf führen.

An einer Marien-Figur in einer Grotte blieb Sie stehen. Da wir so schöne Bücher von Maria bekommen hatten sagte sie, habe sie sich der Maria vorgestellt. Sie bedankte sich bei Maria in Gedanken für die Bücher. Mit einem Mal veränderte sich für sie das Gesicht der Maria. Sie hörte in Ihrem Kopf den Satz. Ich schenke Dir Dein Weinen zurück, oder ich gebe Dir Dein Weinen wieder. Liane konnte schon seit langen Jahren nicht mehr weinen. Das war mir neu. Davon wußte ich zu meinem Erstaunen gar nichts. Als dies geschehen war liefen Sturzbächen gleich Liane die Tränen herunter. Auf Ihrem Weg zu uns zurück kam Sie an unserer Dorfkirche vorbei. Gerade als Sie auf der Höhe der Kirche war läuteten die Glocken. Für sie hörte es sich an, als ob die Glocken sie rufen würden. Liane ging in die Kirche und hörte sich eine wundervolle Rede über das Johannes Evangelium an. Das besondere war für sie darin, daß auch unsere tägliche Gedanken und Handlungen ein Gebet an Gott sein können. Wieder liefen Ihr dabei die Tränen. Es setzte sich ein Herr neben Liane. Sagte nichts, aber legte seinen Arm um Ihre Schultern. Als sie sich gefangen hatte, verließ sie die Kirche und kam nach Hause.

In dieser Stimmung verbrachten wir noch einen schönen gemeinsamen Sonntag.

Diesen Besuch empfand Liane, als so erholsam, so erquickend und aufbauend, daß Sie bereits im Mai 1997 erneut mit Karin bei uns zu Besuch war.

Nach ihrem eigenen Bekunden ist es einfach wunderbar nach jahrzehntelanger Verantwort für den eigenen Haushalt, den Mann und die Tiere einmal verwöhnt zu werden. Außerdem war da bestimmt auch ein wenig Hoffnung weitere himmlische Begebenheiten in unserem Dorf zu erleben.

Wieder holte ich Liane und Karin aus Hamburg ab.

Das Wochenende fing ganz bezaubernd an. Wir fuhren von Fleestedt aus los und durchfuhren einen verschneiten Wald. Es sah aus wie mit Puderzucker überzogen. Als ich sagte es macht den Eindruck, als wenn das extra für uns so weiß wäre, wie ein Hinweis auf die Wunder die am Wochenende kommen würden, da sagte Liane: Der Schnee symbolisiere unseren geistigen Zustand, rein und weiß wie Schnee. Keine bösen

Gedanken mehr in uns. Nur noch Wohlwollen für alle Menschen. Auch für die Schwierigen.

In Lippling bin ich extra für Liane einen kleinen Umweg gefahren. Sie wollte die Marien Statue wieder sehen. Aber welch ein Schreck, die Grotte war leer. Liane war beunruhigt und auch etwas enttäuscht.

Dann gab es erst einmal bei uns großen Begrüßungsbahnhof.

Nachmittags machte Liane alleine noch einen Spaziergang. Nach dem Spaziergang bat sie mich eine unserer Nachbarinnen nach dem Verbleib der Maria zu befragen.

Liane hatte schon selbst erfolglos versucht die Leute zu erreichen, in deren Garten die Grotte steht.

Unsere Nachbarin sagte, daß seien ganz nette Leute aber weder sie selbst noch Ihr Eltern wüßten überhaupt davon, daß die Figur nicht mehr da wäre.

Durch diese Auskunft war Lianes Mut gestärkt nach dem Verbleib der Figur noch einmal zu versuchen bei den Leuten zu fragen. Sie wollte das ganz alleine durchziehen, Denn sie hat das gleiche Problem wie ich mit der Schwellen-Angst. Das heißt auf Unbekannte zuzugehen und diese anzusprechen fällt ihr genauso schwer wie mir.

Liane marschierte also sicheren Schrittes und zielstrebig drauf los.

Liane kam zurück und berichtete uns ganz ergriffen von der wundervollen Begebenheiten.

Sie klingelte bei den Leuten und leitete das Gespräch mit einer Unwahrheit ein, was mir persönlich nicht so gefiel. Guten Tag Frau G.. Ich bin gerade bei meinem Kindern zu Besuch und wollte Ihre Maria Figur fotografieren. Wie ich schon vorausgeahnt hatte wurde Liane hereingebeten. Sie sagte, sie konnte einfach nicht nein sagen. Dann sollte sie sich setzen, was sie eigentlich auch nicht wollte. Und doch so geschah es. Dann fragte diese Frau Liane mit der Feststellung: Sie kommen doch nicht nur zum fotografieren der Maria zu mir. Da steckt doch noch mehr dahinter? Liane erzählte dieser Frau von Ihrem ersten Erlebnis mit dieser Maria Figur. Das Sie bei dieser Maria Figur von Maria selbst die Fähigkeit zurückgeschenkt bekommen hatte, wieder weinen zu können. Seit diesem Ereignis könnte sie wieder, wenn ihr danach zumute sei, weinen. Ich wollte mich einfach nur bei Maria bedanken und dann war die Enttäuschung groß. Die Figur war nicht mehr da. Wir sind zwar nicht in der Kirche, also ohne Konfession aber tief gläubig. Worauf die Frau sagte: Was haben denn Gott und Maria mit der Kirche zu tun?

Höchst erstaunlich in einer erz katholischen Gegend solche Dinge gesagt zu bekommen. Die Frau sagte die Figur sei zum Restaurieren und käme in zwei Wochen zurück. Dann schicken Sie Ihren Jungen vorbei, damit er die Figur fotografieren kann. Wenn er dann darum bittet, kann er auch die Adresse haben, wo die Figur geschnitzt wurde. Liane bedankte sich bei der Frau beim Verabschieden. Worauf die Frau sagte: Nein, nein danken Sie mir nicht. Ich habe Ihnen zu danken. Für diese wundervolle Geschichte über meine Marienfigur.

Auf dem Rückweg begegnete Liane einem Mann mit einem kleinen Hund. Sie hat sich mit diesem Mann sehr lange unterhalten. Einfach so unterhalten, als ob man sich schon sehr lange kennen würde.

Am Sonntag machte Liane alleine noch einmal vor dem Essen, wieder den Anweisungen Ihrer inneren Stimme folgend, einen Spaziergang. Als sie zurückkehrte öffnete ich Ihr gespannt die Tür. Irgendwie ahnte ich, daß Ihr wieder etwas ganz besonderes geschehen war.

Sie sah mich nicht an und sagte: Na mein ältester Sohn. Ich fragte: Was ist denn? Beim "aus der Jacke Helfen" fragte sie mich: Weißt Du eigentlich wer Du bist? Ich war irritiert und wollte eine Frage stellen, doch sie fuhr fort. Ich habe eine andere Maria gefunden und SIE hat auch zu mir gesprochen. SIE die Maria sagte Du wärest mein Sohn den ich, als ich damals 16 Jahre alt war, abgetrieben hatte.

Wir waren alle von dieser Botschaft überrascht und mir liefen die Tränen vor Ergriffenheit, genauso wie Liane.

Als wir uns etwas beruhigt hatten sagte ich zu Liane: Ich weiß jetzt, warum ich das Arbeiten mit Holz so liebe. Heinz, ein Tischler wäre beinahe mein leiblicher Vater geworden. Mein nächster ausgesprochener Gedanke war: Was wäre Christine erspart geblieben, wäre ich wie geplant 12 Jahre eher geboren worden. Der Weg zu meinem Dual war schon vorgezeichnet. Jetzt bekommt die damalige verwirrende Aussage der Kartenlegerin, ich sei eigentlich älter als Christine, eine nachvollziehbare Bedeutung. Liane wußte jetzt auch warum sie meiner Mutter nie böse sein konnte. Meine Mutter hatte für sie ihren Sohn groß gezogen. Vieles bekam jetzt im Nachhinein einen tieferen Sinn. So soll diese Buch mit einem der schönsten Wochenenden enden, welches mir einen tiefen Einblick in das emsige Wirken der Engel für unser Wohl und unseren Werdegang verschafft hat.

Mit diesem Buch möchte ich Ihnen lieber Leser einen Wunsch meinerseits mit auf den Weg geben.

Seien Sie, wenn Sie sich selbst auch auf den Weg machen, offen, wachsam und zuversichtlich auch ähnliches erleben zu können, wie ich es erlebt habe. Himmlischer Beistand ist Ihnen seit Jesus Tod am Kreuze gewiß. Allein ehrliches Bemühen sich zu bessern, Beharrlichkeit und Geduld im Glauben wird von jedem erwartet, der Gottes Wohlwollen und Aufmerksamkeit auf sich lenken möchte.

Danke Gott, danke Jesus, danke auch den Engeln,
die immer dem unerfahrenen Schreiber geholfen haben,
danke auch unserer Gottesbotin hier auf Erden.
danke liebe Christine, die Du für das Buch so
oft auf Deinen Mann verzichtet hast.
Zuletzt danke ich allen Lesern herzlich, die
dieses Buch zum Anlaß nehmen Gott mehr in
Ihr Leben einzulassen.